Small Talk

대화
할수있는
용기

일상생활 편

KB188498

small talk
대화할 수 있는 용기 - 일상생활 편

초판 제1쇄   2024년 10월 14일

저자	서장혁
펴낸이	서장혁
편집	토마토출판사 편집부
표지디자인	이새봄
본문디자인	이새봄
주소	서울 마포구 양화로 161 727호
TEL	1544-5383
홈페이지	www.tomato4u.com
E-mail	support@tomato4u.com
등록	2012.1.11.
ISBN	979-11-92603-62-9 14740

* 잘못된 책은 구입처에서 교환해드립니다.

* 가격은 뒤표지에 있습니다.

* 이 책은 국제저작권법에 의해 보호받으므로 어떠한 형태로든 전재, 복제, 표절을 금합니다.

NEW
일빵빵

일상생활 편

Small Talk

대화 할수있는 용기

서장혁

토마토
출판사

Small Talk 이란?

'Small Talk'은 말 그대로 '작은 이야기' 즉, '소소한 이야기'입니다.
보통 우리가 아는 '잡담'의 경우도 이에 해당이 되지만,
'일상 생활'에서의 'Small Talk'은 또 다른 특별한 목적이 있습니다.
외국인과 같이 있을 때 다소 썰렁한 분위기가 어색해서,
또는 처음 대면하는 외국인과 친해지기 위해서,
너무 무겁지 않은 공통의 관심사나 농담 등으로 분위기 전환을 하려고
하는 것입니다.

* 우선 본 강의 프로그램은 총 3가지 단계를 염두에 두고 진행 합니다.
 1. 외국인에게 먼저 말 걸기
 2. Small Talk
 3. 본론 대화로 유도

'Small Talk' 또한 익숙하지 않은 영어로 분위기 전환을 이끌어 가야 하
기에 우리에게는 쉽지 않은 대화 기술입니다.

그래서 우선, 본 교재는
'먼저 인사하기'등 외국인에게 먼저 말을 거는 방법부터 차례대로 공부
해 나갈 것입니다.

'일상 생활'에서 늘 마주치는 외국인과 어떻게 점점 친해지는지 각자 '대
화할 수 있는 용기'를 발전해 나가시기를 바랍니다.

Study 순서

1 단계   오늘의 표현

오늘의 대화를 공부하기 전에 각 상황에서 원어민에게 내가 먼저 말
걸기 위해 필요한 주요 말하기 표현법을 먼저 연습합니다.
간단한 인사하기부터 학교 친구, 직장 동료, 룸메이트, 혹은 외국인 이
웃 등 자연스럽게 말을 거는 문장을 연습해 봅시다.

2 단계   오늘의 대화 들어보기

본격적으로 실제 원어민과의 대화를 공부해 볼 수 있는 리스닝 연습
부분입니다.
나를 중심으로 각 상황에서 만나게 되는 원어민과의 풍부한 회화 표현
을 들어 봅시다.
처음은 본문 없이 듣고, 두 번째는 차근차근 본문을 눈으로 확인하면
서 표현을 배웁시다.

3 단계   대화 TIP 연습하고 문장 반복해서 외우기

각 문장마다 생소한 단어나 표현이 있을 수 있습니다.
우리에게는 낯설거나, 생소하지만, 원어민은 이미 많이 사용하고 있는
회화 표현 위주로 문장을 외우면서 공부해 봅시다.
한 강의가 끝나면 반드시 대화문장은 외우셔야 합니다.

이런 분들이 공부하시면 좋아요

'Small Talk' 하기 전에
우선 말부터 자연스럽게 걸고 싶을 때

❶ 얼굴은 몇 번 봤는데
표현을 몰라서 말 걸기 어색했던 분들

❷ 친해지고는 싶은데
처음에 뭐라고 해야 할지 몰랐던 분들

❸ 처음 보는 이웃에게
어떻게 다가가야 할지 몰라 어색했던 분들

❹ 직장 동료와
아침에 마주칠 때 가벼운 대화하기를 원했던 분들

❺ 오랜만에 본 지인에게
반가운 표현을 어떻게 해야 할지 몰랐던 분들

❻ 외국인 친구와
미팅, 파티, 스터디그룹등 어떻게 약속해야 할지
몰랐던 분들

이렇게 공부하세요.

'일빵빵'을
공부하실 수 있는 방법 **2가지!**

1. '교재' 구입 시 언제 어디서나 해당 강의를 즐기실 수 있습니다.

일빵빵 Q.R

교재를 구입하신 후 가지고 계신 핸드폰으로 각 강의마다 Q.R 코드를 찍으시면 언제 어디서나 해당 영상 강의를 시청하실 수 있습니다.

- 해당 채널의 유튜브 강의는 Q.R코드로만 진행됩니다.
  Q.R 코드가 없는 교재일 경우는 전체 공개 강의입니다.
  유튜브에서 '일빵빵'을 검색하세요.

2. '렛츠일빵빵 어플'에서 일빵빵 전체 강의를 즐기실 수 있습니다.

렛츠일빵빵 어플

렛츠일빵빵 어플을 다운받으신 후 월 결제 혹은 연 결제로 사용하시면 2천 여개가 수록되어 있는 일빵빵 왕초보부터 기초 심화 단계까지의 모든 강의를 모두 즐기실 수 있습니다.

- 렛츠일빵빵 어플 '이벤트 결제' 시, 시판되고 있는 해당 일빵빵
  교재 전체 무료 대량 증정 이벤트가 있으니 놓치지 마세요!
  (결제 금액과 맞먹는 금액의 교재 제공/이벤트 기간 확인 필수)

CONTENTS

PART 1. 친구, 이웃, 동료와 대화해보자!

1. 외국인 친구에게 먼저 말 걸기

2. 이웃에게 먼저 말 걸기

3. 룸메이트에게 먼저 말 걸기

4. 직장 동료에게 먼저 말 걸기

5. 거래처 직원에게 먼저 말 걸기

6. 어제 본 친구에게 먼저 인사하기

7. 어제 본 이웃에게 먼저 인사하기

8. 어제 본 동료에게 먼저 인사하기

9. 오랜만에 본 지인에게 인사하기

10. 헤어질 때 인사하기

CONTENTS

PART 2. 함께 시간을 보내며 대화해보자!

11. 캐주얼한 만남 약속하기

12. 파티 초대하기

13. 그룹 모임 약속하기

부록. 핵심표현정리

Small Talk
대화할 수 있는 용기
일상생활 편은

현지에서, 혹은 외국계 회사에서
하루 종일 영어를 사용해야 하는
유학생, 교포, 직장인들을 위해 만들었습니다.

늘 마주치는 원어민들이라도
여러분이 먼저 다가가지 않으면
그들과 친해질 기회가 별로 없습니다.

용기를 내시고, 틀리는 걸 두려워 마시고,
매일 Dialogue 하나씩 풍부하게 연습하시기 바랍니다.

약속하세요!

2024년 일하기 좋은 날에
저자 서장혁 올림

기초영어X일상생활
PART 1.

Small Talk

친구, 이웃,
동료와
대화해보자!

DAY 01

외국인 친구에게 먼저 말 걸기

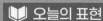

"안녕? / 어떻게 지내?"
(먼저 인사하기)

보통 처음 보는 친구나 동료, 비즈니스 파트너에게 친근하게 '안녕!/안녕하세요!'라고 인사를 할 때는 다음과 같은 표현을 쓴다. 다만, 굳이 자세하게 해석을 할 필요는 없다.

"Hi, there!"

"Hello!"

"Hey!"

"Howdy!" (친한 친구 사이에서 쓰는 표현)

"What's up?" (Wassup? : 친구끼리 쓰는 표현)

"Hi, how are you?" (어떻게 지내? : 답변을 해준다.)

"How's it going?" (어떻게 지내? : 답변을 해준다.)

인사말		대답하는 요령
"Hi, there!"	→	"Hi, there!"
"Hello!"	→	"Hello!"
"Hey!"	→	"Hey, How are you?"
"Howdy!"	→	"Howdy!"
"What's up?"	→	"What's up?" / "Just chilling." (그냥 있어)
"Hi, how are you?"	→	"Good, thanks! How are you?" (이 대답 패턴은 암기할 것)
"How's it going?"	→	"Good, thanks! And you?" (좋아, 고마워. 너는?)
		"Not bad. thanks. What about you?" (괜찮아, 고마워. 너는?)
		"I'm doing well, thanks. what about you?" (좋아, 잘 지내, 고마워. 너는?)

* 상대가 안부를 물었을 때 대답하는 요령

　1. 간단한 대답 (Good, Not bad, Pretty good)

　2. 고맙다는 표현 (thanks)

　3. 상대방에 대한 안부(How are you?, What about you?, How about you?, And you?)

You   Hey, how's it going?
안녕, 어떻게 지내?

Classmate   Not bad, thanks! How about you?
괜찮아, 안부 고마워. 넌 어때?

You   Pretty good, thanks. What's your name?
아주 좋아, 안부 고마워. 근데 너는 이름이 뭐야?

Classmate   I'm Jake. What about you?
나는 Jake라고 해, 넌?

You   I'm Joey. Nice to meet you!
나는 Joey라고 해, 만나서 반가워.

Classmate   Likewise!
나도 마찬가지야.

1) Hey, how's it going?
안녕, 어떻게 지내?

2) Not bad, thanks! How about you?
괜찮아, 안부 고마워. 넌 어때?

> ▶ **How about you?**
> 상대방의 질문에 그대로 되물어볼 때 많이 쓴다.
> * How about you? = What about you? : 너는?

3) Pretty good, thanks. What's your name?
아주 좋아, 안부 고마워. 근데 너는 이름이 뭐야?

4) I'm Jake. What about you?
나는 Jake라고 해, 넌?

> ▶ **What about you?**
> 상대방의 질문에 그대로 되물어볼 때 많이 쓴다.
> * How about you? = What about you? : 너는?

5) I'm Joey. Nice to meet you!
나는 Joey라고 해, 만나서 반가워.

6) Likewise!
나도 마찬가지야.

> ▶ **Likewise**
> 상대방 의견에 동감할 때 많이 쓰는 표현이다. 상대방의 'Nice to meet you!'라
> 는 말에 'me, too'라고 대답하지 않는다.
> * Clockwise : 시계 방향으로   * -wise : ~방향/방식으로

DAY 02

외국인 친구에게 먼저 말 걸기

오늘의 표현

"여기 혹시 누구 앉은 거야?"
[빈자리 물어보며 인사하기 - 1]

같은 반 친구 옆자리가 비어서 혹시 이미 누가 자리를 잡은 건지 물어볼 때 흔히 쓰는 표현 중 하나다.

"여기 혹시 누구 앉은 거야?"
→ "Is anyone sitting here?"

이럴 때 대답을 부정(No, Not at all, Nope)으로 대답하면 자리 편하게 앉아도 된다는 뜻이 된다. 같은 의미로 'It's all yours.'(편하게 사용해도 돼)라는 표현도 같이 사용하자.

긍정(Yes, Yup)으로 대답하면, 누군가 자리를 맡았기 때문에 못 앉는다는 뜻이 된다.

You

Excuse me, is anyone sitting here?
저기. 여기 혹시 누구 앉은 거야?

Classmate

Nope, it's all yours.
아니. 편하게 앉아.

You

Thanks! I'm Joey, by the way.
그래. 고마워. 아무튼 나는 Joey 라고 해.

Classmate

I'm Drake. Nice to meet you, Joey.
나는 Drake야. 만나서 반가워, Joey.

You

Nice to meet you too, Drake.
Do you like this class?
나도 만나서 반가워, Drake. 너 이 강의 어때?

Classmate

Yeah, it's pretty interesting.
What about you?
응, 굉장히 재미있어. 너는 어때?

You

I think so too. It's one of my favorites so far.
나도 역시 그런 거 같아. 지금까지는 내 최애 강의들 중 하나야.

1) Excuse me, is anyone sitting here?

저기. 여기 혹시 누구 앉은 거야?

> ▶ **Excuse me**
>
> 같은 반 친구라도 처음 말을 거는 것이므로 로 말을 시작하는 것이 맞다.
>
> ▶ **anyone**
>
> '혹시 ~누가'로 질문하는 문장이므로 이럴 때는 "any~"로 시작하는 부정대명사로 물어보는 것이 맞으며 사람을 의미하므로 "anyone" 혹은 "anybody"로 물어본다.

2) Nope, it's all yours.

아니. 편하게 앉아.

> ▶ **it's all yours**
>
> 보통 회화에서 상당히 많이 쓰는 표현으로 직역을 하면 '모두 네 것이다'라는 의미로써 다시 말해 "마음껏 편하게 사용해도 된다." 라는 의미로 표현하자.

3) Thanks! I'm Joey, by the way.

그래. 고마워. 아무튼 나는 Joey 라고 해.

> ▶ **by the way**
>
> 대화 도중에 본인 이름을 말하면서 "by the way"라고 말하면, "아무튼, 어쨌든, 그건 그렇고 나는 ~야."라는 표현이다. 소개할 때 이름을 말하면서 분위기를 환기를 위해 함께 쓰는 표현이니 반드시 '이름+by the way'로 같이 알아두자.

4) I'm Drake. Nice to meet you, Joey.

나는 Drake야. 만나서 반가워, Joey.

5) Nice to meet you too, Drake. Do you like this class?
나도 만나서 반가워, Drake. 너 이 강의 어때?

> ▶ **Do you like this class?**
>
> 이 문장에서 "Do you like~?"를 "너 ~를 좋아해?" 라고 해석하면 상당히 어색하다. 그냥 단순히 '네 생각은 어때? 너는 어떻게 생각해?'라는 의미로 해석하면 된다.

6) Yeah, it's pretty interesting. What about you?
응, 굉장히 재미있어. 너는 어때?

> ▶ **pretty interesting**
>
> 보통 회화에서 'pretty'나 'so'는 긍정적인 강조일 때 사용하며, 'too'는 약간 부정의 강조일 때 사용한다. 주어가 사물이므로 'interested'가 아니고 'interesting' 임에 주의하자.

7) I think so too.
나도 역시 그런 거 같아.

8) It's one of my favorites so far.
지금까지는 내 최애 강의들 중 하나야.

> ▶ **so far**
>
> 보통 회화에서 'so far'을 붙이면, '지금까지, 이 시점까지'로 해석하면 된다.
>
> * favorite ; (형용사) 좋아하는 / (명사) 좋아하는 물건

DAY
03

외국인 친구에게
먼저 말 걸기

"여기 자리 있어?"
(빈자리 물어보며 인사하기 - 2)

같은 반 친구 옆자리가 비어서 혹시 누가 자리를 잡은 건지 물어볼 때 쓰는 또 다른 표현이다.

"여기 자리 있어?"
→ "Is this seat taken?"

'자리가 있다 없다'의 의미가 아니라, 마찬가지로 누가 이 자리를 이미 차지했 느냐에 대한 질문이다.
여기서 'take'라는 단어를 사용했는데, 'take' 단어 의미 자체가 '남의 소유권을 다른 사람이 차지하다'는 의미이므로, 'This seat is taken. = 이 자리는 (다른 사 람에 의해) 차지되었다.' 라는 표현에서 온 질문 형태라고 보면 된다.

굉장히 많이 쓰는 표현이니까 반드시 암기해두자.

You

Is this seat taken?
여기 자리 있어?

Classmate

No, go ahead.
아니, 그냥 앉아도 돼.

You

Thanks! I'm Juno, by the way.
고마워. 그나저나 나는 Juno라고 해.

Classmate

I'm Julia. Nice to meet you, Juno.
나는 Julia야. 만나서 반가워, Juno.

You

Likewise, Julia. What's your favorite thing about this school?
나도 마찬가지야, Julia. 너는 우리 학교에서 뭐가 제일 마음에 들어?

Classmate

Definitely the community feel.
How about you?
확실히 서로 유대감 있는 게 좋아. 너는?

You

Same here.
It feels like everyone's really connected.
나도 마찬가지야. 모든 학생들이 정말 유대감이 있는 거 같아.

1) Is this seat taken?
여기 자리 있어?

> ▶ **Is this seat taken?**
> 직역을 하면 '이 자리 차지되었어?' 라는 의미이나, 자연스러운 해석으로는 '이 자리 누가 맡은 거야?' 라고 물어보는 의미가 된다. 빈자리를 물어보는 관용적인 문장이므로 문장 전체를 암기하자.
> * take ; 소유권을 차지하다.

2) No, go ahead.
아니, 그냥 앉아도 돼.

> ▶ **go ahead**
> '계속 진행하다'라는 의미를 가진 표현으로, 이 상황에서 해석한다면, '앉으려고 했던 원래 의도대로 그냥 앉아도 된다'라는 의미로 해석하면 된다. 'It's all yours'와 마찬가지로 물어보는 상대방에게 편하게 앉으라는 의미로 함께 사용하자.

3) Thanks! I'm Juno, by the way.
고마워. 그나저나 나는 Juno라고 해.

4) I'm Julia. Nice to meet you, Juno.
나는 Julia야. 만나서 반가워, Juno.

5) Likewise, Julia.
나도 마찬가지야, Julia.

6) What's your favorite thing about this school?
너는 우리 학교에서 뭐가 제일 마음에 들어?

> ▶ **What is your favorite thing about ~**
>
> 지금 서로 처음 만나는 상황이므로, 친구와의 공통점을 찾기 위해 서로 관심이 있는 질문을 하는 것이 자연스럽다. 해석은 '~에서 뭐가 제일 마음에 들어?' 로 한다.

7) Definitely the community feel. How about you?
확실히 서로 유대감 있는 게 좋아. 너는?

> ▶ **the community feel**
>
> 유대감이나 공동체 의식을 의미하며 같은 의미로 'the community feeling' 이라고도 한다.
>
> * definitely : 확실히 - 문장을 강조할 때 쓰는 부사

8) Same here.
나도 마찬가지야.

> ▶ **same here**
>
> 대화에서 상대방의 말에 대해 '마찬가지야'와 같은 맞장구를 치는 표현으로 'likewise'와 비슷한 표현이다.

9) It feels like everyone's really connected.
모든 학생들이 정말 유대감이 있는 거 같아.

> * It feels like ~ ; ~ 인 거 같아.
> * everyone ; 모든 사람들, 모든 학생들 - 부정대명사로 무조건 단수 취급.
> * be connected ; 서로 연결되어 있다. 서로 이어져 있다.

DAY 04
외국인 친구에게 먼저 말 걸기

 오늘의 표현

"여기 앉아도 돼?"
(빈자리 물어보며 인사하기 - 3)

빈자리에 대해 내가 옆에 앉아도 되는지 외국인 친구에게 물어보는 또 다른 표현이다.

"여기 앉아도 돼?"
→ "Do you mind if I sit here?"
→ "Mind if I sit here?"

대화에서 보면 'Mind if~?' 로 시작하는 문장을 많이 보게 된다. 원래 문장은 'Do you mind if~? = 만약에 내가 ~한다면 너는 싫어? 너는 꺼려?' 이런 의미지만 말 그대로 '내가 ~해도 돼?/괜찮아?'의 의미로 받아들이면 된다. 원어민들은 질문할 때도 전체 문장을 다 말하지 않고 이렇게 줄여서 말하기도 한다는 것도 참고로 알아두자.

'mind = 꺼리다'로 시작하는 질문은 대답할 때 '부정'으로 답하면 '나는 꺼리지 않는다', '그냥 해도 좋다'라는 의미라는 것을 반드시 명심하자!

You

Mind if I sit here?
여기 앉아도 돼?

Classmate

Not at all, go ahead.
응, 그냥 앉아도 돼.

You

Thanks. I'm Joey.
고마워, 나는 Joey 라고 해.

Classmate

Nice to meet you, Joey. I'm Mike.
만나서 반가워, Joey. 나는 Mike야.

You

What do you think of the class so far?
지금까지 이 강의 어떤 거 같아?

Classmate

It's pretty good.
Challenging, but interesting. And you?
진짜 좋아. 힘들지만, 재미있어. 너는 어때?

You

I agree. It keeps me on my toes.
Maybe we can study together sometime.
맞아. 긴장도 되고. 우리 언젠가 같이 공부하자.

Classmate

That sounds great. Let's do that.
좋은 생각이야. 그렇게 하자.

1) Mind if I sit here?

여기 앉아도 돼?

> ▶ **Mind if I ~**
>
> 원문 'Do you mind if I ~'에서 앞의 'Do you'를 빼고 사용한 표현으로 '내가 ~해도 돼? / 괜찮아?'라고 해석한다.
>
> * mind : 꺼리다. 언짢아하다.

2) Not at all, go ahead.

응, 그냥 앉아도 돼.

> ▶ **Not at all**
>
> 'mind = 꺼리다'로 물어보았으니, 원래 문장은 'Mind if I ~ = 만약에 내가 ~하면 너는 꺼려?' 라는 문장이 된다. 그래서 대답이 부정 'No, Nope, Not at all' 이라고 하면 '아니, 안 꺼려' 즉 '해도 좋다'는 허락의 의미가 된다. 해석 주의할 것!

3) Thanks. I'm Joey.

고마워. 나는 Joey 라고 해.

4) Nice to meet you, Joey. I'm Mike.

만나서 반가워, Joey. 나는 Mike야.

5) What do you think of the class so far?

지금까지 이 강의 어떤 거 같아?

> **What do you think of ~**
>
> 서로간의 공통적인 주제를 찾기 위해 물어보는 질문으로 해석은 '~에 대해 어떻게 생각해?, 어떤 거 같아?' 로 해석하면 된다.
>
> (주의) 'How do you think of ~'로 하지 말 것!

6) It's pretty good. Challenging, but interesting. And you?

진짜 좋아. 힘들지만, 재미있어. 너는 어때?

> **challenging**
>
> '도전적인, 어려운, 빡센' 의 의미이다. 원문은 'It is challenging'

7) I agree. It keeps me on my toes.

맞아. 긴장도 되고.

> **It keeps me on my toes.**
>
> '발가락에 힘을 주게 만든다'는 의미로 '나를 긴장하게 만든다.'라는 관용적인 표현이다.
>
> * agree : 동의하다

8) Maybe we can study together sometime.

우리 언젠가 같이 공부하자.

> * sometime : 미래 언젠가 (sometimes 와 구별 할 것)
> * sometimes ; 가끔, 때때로

9) That sounds great. Let's do that.

좋은 생각이야. 그렇게 하자.

> **That sounds great.**
>
> '좋은 생각이야.' 라는 의미로 상대방 의견에 동의할 때 많이 사용한다.

DAY 05

외국인 친구에게 먼저 말 걸기

오늘의 표현

"우리 처음 보는 거 같은데"
(낯선 친구에게 반갑게 인사하기)

같은 반 친구지만 직접 대면한 적이 없는 친구에게 인사할 때 쓰는 표현이다.

"우리 처음 보는 거 같은데 =우리 만난 적은 없는 거 같아."
→ "I don't think we've met yet."

대화에서 많이 사용하는 'I think ~ / I don't think ~' 표현은 항상 알아두자.

---

* We've met = We have met : 우리 만난 적이 있다 (경험)
* I think ~ ; ~인 것 같아.
* I don't think ~ : ~하지 않은 거 같아.

You

Hey, I don't think we've met yet.
I'm Jee.
안녕. 우리 처음 보는 거 같은데. 나는 Jee 라고 해.

Classmate

Hi, I'm Daniell.
Nice to meet you, Jee.
안녕. 나는 Daniell이야. 만나서 반가워, Jee.

You

Pleasure to meet you too! Danielle.
How are you finding the class?
나도 만나서 기뻐, Danielle. 이 강의 어때?

Classmate

It's interesting. There's a lot to learn.
What about you?
재미있어. 배울 게 많아. 너는 어때?

You

Yeah, I agree.
It's definitely challenging, but I like it.
Maybe we can study together sometime.
그래, 맞아. 확실히 힘들긴 한데, 마음에 들어.
우리 나중에 같이 공부하자.

Classmate

That sounds like a great idea. Let's do it.
좋은 생각이야. 그렇게 하자.

1) Hey, I don't think we've met yet. I'm Jee.
안녕. 우리 처음 보는 거 같은데. 나는 Jee 라고 해.

> ▶ **I don't think ~**
>
> 뒤에 따라오는 문장을 부정하는 문장이다. '~하지 않은 거 같아.'로 해석한다.
>
> ▶ **We've met**
>
> '우리 만난 적이 있다.'라는 의미로 완료형 사용한 이유는 경험을 표현하기 위함이다.
>
> * yet : 아직 - 주로 부정문이나 의문문에 사용한다.

2) Hi, I'm Daniell. Nice to meet you, Jee.
안녕. 나는 Daniell이야. 만나서 반가워, Jee.

3) Pleasure to meet you too! Danielle.
나도 만나서 기뻐, Danielle.

> ▶ **Pleasure to meet you.**
>
> 원문은 'It is a pleasure to meet you.'에서 '주어+be동사'를 생략한 문장이다.
>
> * pleasure : 기쁨, 즐거움

4) How are you finding the class?
이 강의 어때?

> ▶ **How are you finding ~**
>
> '~는 어때?'로 해석하며 회화에서 정말 많이 쓰는 표현이다. 절대 '~ 어떻게 찾았어?'라고 해석하지 말 것.

5) It's interesting. There's a lot to learn. What about you?
재미있어. 배울 게 많아. 너는 어때?

> ▶ **There is a lot to + 동사**
>
> 회화상에서 많이 쓰는 표현으로 ' ~할 게 많다.' 로 to 뒤에 동사를 붙여주면 된다.
> - There's a lot to learn. : 배울 게 많다.
> - There's a lot to do. : 해야 할 게 많다.
> - There's a lot to see. : 구경 할 게 많다.

6) Yeah, I agree. It's definitely challenging, but I like it.
그래, 맞아. 확실히 힘들긴 한데, 마음에 들어.

7) Maybe we can study together sometime.
우리 나중에 같이 공부하자.

8) That sounds like a great idea. Let's do it.
좋은 생각이야. 그렇게 하자.

> ▶ **That sounds like a great idea.**
>
> '좋은 생각 같아.'는 상대방 의견에 대한 긍정적인 답변이며 'That sounds great.'
> 혹은 'That's a great idea.' 로 사용해도 된다.

외국인 친구에게
먼저 말 걸기

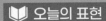 오늘의 표현

"몇 번 보긴 했는데 정식으로 인사는 안 했네."
(아는 척하며 반갑게 인사하기)

얼굴이 낯은 익은데 정식으로 말해 보지 않은 친구에게 인사할 때 쓰는 표현이다.

"몇 번 보긴 했는데"
→ "I've seen you around."

"정식으로 인사는 안 했네."(우리 정식으로 만난 적은 없다.)
→ "We haven't officially met."

---

* I've seen you. = I have seen you. : 너를 본 적이 있다 (경험)
* around = 근처, 주변
* We haven't met. = We have not met. : 우리 만난 적 없다.
* officially : 공식적으로, 정식으로.

You

Hi, I've seen you around but we haven't officially met. I'm Joey.

안녕! 몇 번 보긴 했는데, 정식으로 인사는 안 했네. 나는 Joey라고 해.

Classmate

Oh, hi Joey! I'm Lucas.
It's good to finally meet you.

아, 안녕, Joey! 나는 Lucas야. 드디어 인사하게 되었네.

You

Yeah, I thought it was time we introduced ourselves. Are you enjoying the class?

그래, 나도 이제는 서로 인사해야 할 거 같았어.
너 이 강의 좋은 거 같아?

Classmate

Mostly, yes. It's quite a lot of work though. How about you

대체로 좋아. 해야 할 게 좀 많지만 말이야. 넌 어때?

You

I feel the same.
It's intense but really rewarding.
We should help each other out sometime.

나도 그런 거 같아. 치열하긴 한데, 정말 보람 있긴 해.
나중에 우리 서로 좀 돕자.

Classmate

I'd like that. Let's exchange numbers.

좋지. 서로 연락처 교환하자.

1) Hi, I've seen you around

안녕! 몇 번 보긴 했는데,

> ▶ **I've seen you around.**
>
> '근처에서 너를 본 적이 있다.'라는 의미인데 결국 '너를 몇 번 본 적이 있다.'로 자연스럽게 해석하면 된다.

2) but we haven't officially met. I'm Joey.

정식으로 인사는 안 했네. 나는 Joey라고 해.

> ▶ **We haven't officially met you.**
>
> 'We haven't met.', 즉, '우리가 만난 적이 없다.'라는 의미지만 중간에 부사 'officially'가 있어서 '우리가 정식으로 만난 적이 없다.' 즉 '만나긴 했는데 정식으로 인사 한 적이 없다.' 의미로 보면 된다.
>
> * officially : 정식으로, 공식적으로

3) Oh, hi Joey! I'm Lucas. It's good to finally meet you.

아, 안녕, Joey! 나는 Lucas야. 드디어 인사하게 되었네.

> ▶ **It' good to ~**
>
> 보통 회화에서 '~해서 좋아, 기뻐.'라는 의미로 많이 쓰며 같은 표현으로 'It's nice to ~'를 사용한다.
>
> * finally : 마침내, 드디어

4) Yeah, I thought it was time we introduced ourselves.

그래, 나도 이제는 서로 인사해야 할 거 같았어.

> ▶ **It's time ~**
>
> 보통 회화에서 많이 쓰는 표현으로 '~ 해야 할 시간이다.'라고 해석한다.
>
> * introduce ourselves. : 우리 스스로를 소개하다.

5) Are you enjoying the class?
너 이 강의 좋은 거 같아?

6) Mostly, yes.
대체로 좋아.

7) It's quite a lot of work though. How about you?
해야 할 게 좀 많지만 말이야. 넌 어때?

> ▶ **It's quite a lot of work.**
>
> 앞에 It's 처럼 단수로 취급한 이유는 'a lot of' 가 뒤에서 work 라는 불가산 명사
> 를 꾸며주기 때문이다. '할 게 좀 많다.' 라고 해석한다.
>
> ▶ **though**
>
> '그럼에도 불구하고, ~에도' 라는 의미지만 보통 회화 문장 끝에 쓰여서 '~에도 결
> 국은 그렇다'라고 해석해주면 된다.

8) I feel the same. It's intense but really rewarding.
나도 그런 거 같아. 치열하긴 한데, 정말 보람 있긴 해.

> ▶ **I feel the same.**
>
> 보통 회화에서 상대방의 의견에 대해 긍정적으로 대답할 때 쓰는 표현이다. '나
> 도 똑같이 느껴. 내 생각도 같아.'로 해석해 주면 된다.
>
> * intense : 치열한, 극심한
> * rewarding : 보람 있는, 보상 있는

9) We should help each other out sometime.
나중에 우리 서로 좀 돕자.

10) I'd like that. Let's exchange numbers.
좋지. 서로 연락처 교환하자.

DAY 07

외국인 친구에게 먼저 말 걸기

오늘의 표현

"저기, 혹시 도서관이 어디 있는지 알아?"
(길 물어보며 인사하기)

자연스럽게 서로 공유할 수 있는 학교 시설이나 방향을 물어보면서 친구와 인사를 나누는 표현이다.

"저기, 혹시 도서관이 어디 있는지 알아?"
→ "Excuse me, do you know where the library is?"

우리가 영어로 보통 장소를 물어볼 때 'Where = 어디야?'로 시작하기가 쉽다. 하지만, 영어도 상대방이 느끼는 감정이 있고, 상황이 있으므로 직접적으로 'Where'로 시작하기 보다는 되도록 'Do you know where ~ = 어디 있는지 알아?' 이런 식으로 간접적으로 물어보는 습관을 들이자. (주의) 간접의문문일 경우 Do you know where ~ 뒤에 문장은 주어+동사 순으로 사용한다.

---

* Do you know where the library is? (O)
* Do you know where is the library? (X)

You

Excuse me, do you know where the library is?

저기, 혹시 도서관이 어디 있는지 알아?

Peer

Oh, yes! It's straight down this hallway, then take a left. You can't miss it.

응! 이쪽 복도로 쭉 가서 좌회전 해. 틀림없이 찾을 거야.

You

Thanks! I'm Juno, by the way.
I'm new here.

고마워! 나는 Juno라고 해. 여기 처음이거든.

Peer

Nice to meet you, Juno. I'm Sophia.
Welcome to the school!

만나서 반가워. Juno! 나는 Sophia라고 해.
우리 학교에 온 걸 환영해!

You

Thank you, Sophia. See you around!

고마워, Sophia. 나중에 또 보자,

Peer

Definitely.
If you need anything else, just ask!

물론이지. 필요한 거 다른 거 있으면, 그냥 물어봐!

1) Excuse me, do you know where the library is?

저기, 혹시 도서관이 어디 있는지 알아?

> ▶ **Do you know where the library is?**
>
> Do you know + where <u>the library</u> <u>is</u>?
>   s   v
>
> : 간접의문문은 뒤에 주어+동사 순으로 쓴다.

2) Oh, yes! It's straight down this hallway, then take a left.

응! 이쪽 복도로 쭉 가서 좌회전 해.

> ▶ **straight down**
>
> 여기서 'down'은 아래를 의미하는 것이 아니라 말하는 사람 기준으로 '쭉 따라 가라'는 의미이다.
>
> * hallway : 복도, 통로 (복도 aisle / 통로 passage와 구별할 것)
> * aisle : 좌석들 사이에서 자연스럽게 만들어진 복도, 통로
> * passage : 두 곳을 이어주는 통로, 도로, 수로, 항로
> * take a left : 좌회전하다.

3) You can't miss it.

틀림없이 찾을 거야.

> ▶ **You can't miss it.**
>
> 길을 찾는 사람에게 흔히 하는 표현으로 '틀림없이 찾을 거야. = 찾기 쉽다' 라는 의미로 해석한다.

4) Thanks! I'm Juno, by the way. I'm new here.

고마워! 나는 Juno 라고 해. 여기 처음이거든.

5) Nice to meet you, Juno. I'm Sophia. Welcome to the school!

만나서 반가워. Juno. 나는 Sophia라고 해. 우리 학교에 온 걸 환영해!

> ▶ **Welcome to the school**
>
> Welcome to + 장소를 써주면 '~에 온 거 환영해' 라는 의미로 해석한다.

6) Thank you, Sophia. See you around!

고마워, Sophia. 나중에 또 보자.

> ▶ **See you around.**
>
> 보통 회화에서 헤어질 때 가장 많이 쓰는 표현 중의 하나이다. 의미는 가볍게 '나중에 보자. 언제 한번 보자.'라는 의미로 해석한다.

7) Definitely. If you need anything else, just ask!

물론이지. 필요한 거 다른 거 있으면, 그냥 물어봐!

DAY
08

외국인 친구에게
먼저 말 걸기

 오늘의 표현

"너 축구 저지 입은 거 봤는데, 축구 좋아해?"
(공통점 찾아 반갑게 인사하기)

말을 걸고 싶은 친구와 서로 공통점이 있다면 더 쉽게 친해질 수 있다. 특정 팀 유니폼을 입고 있다든지, 특정 연예인 관련 소품을 소지하고 있다면 서로의 공통점을 공유해보자.

"너 축구 저지 입은 거 봤는데"
→ "I noticed you're wearing a soccer jersey."

"축구 좋아해?"
→ "Are you a fan?"

---

* notice : 알아차리다. - 단순히 본 것과는 조금 다른 의미다. 보고 나서 어떻다고 판단하기까지의 의미라고
  보면 된다.
* jersey : 셔츠 - 보통 기념품 셔츠는 약간 가벼운 소재로 만들어져 있다.
* Are you a fan of ~ :   너 ~ 팬이야?

You

Hi, I'm Jeff. I noticed you're wearing a soccer jersey. Are you a fan?

안녕, 난 Jeff라고 해. 너 축구 저지 입은 거 봤는데, 축구 좋아해?

Classmate

Hey, Jeff! Yes, I am. I'm Olivia. I love soccer. Are you?

안녕, Jeff! 응, 그래. 난 Olivia라고 해. 축구를 너무 좋아하거든. 너도 그래?

You

Absolutely!
My favorite team is playing this weekend.
Do you want to watch the game together?

엄청! 내가 좋아하는 팀이 이번 주말에 경기하거든.
같이 경기 보러 갈래?

Classmate

That sounds awesome. I'd love to.
Where should we meet?

굉장한데. 꼭 가고 싶어. 어디로 갈까?

You

How about the sports cafe downtown?
They have a great vibe for soccer games.

시내 스포츠 카페는 어때?
거긴 축구 경기 보기에는 최적의 분위기야.

Classmate

Perfect! See you there. Can't wait!

최곤데! 거기서 보자. 빨리 보고 싶어!

1) Hi, I'm Jeff. I noticed you're wearing a soccer jersey. Are you a fan?

안녕, 난 Jeff라고 해. 너 축구 저지 입은 거 봤는데, 축구 좋아해?

> ▶ I noticed
>
> 'notice'는 '단번에 알아차리다'라는 의미가 있다. 여기서는 보고 어느 팀 유니폼 인지까지 알고 있었다는 의미로 해석하면 된다.
>
> * jersey : 저지, 셔츠

2) Hey, Jeff! Yes, I am. I'm Olivia. I love soccer. Are you?

안녕, Jeff! 응, 그래. 난 Olivia라고 해. 축구를 너무 좋아하거든. 너도 그래?

3) Absolutely! My favorite team is playing this weekend.

엄청! 내가 좋아하는 팀이 이번 주말에 경기하거든.

> * Absolutely : 절대적으로, 즉, 비교할 것 없이 무조건이라는 의미

4) Do you want to watch the game together?

같이 경기 보러 갈래?

5) That sounds awesome. I'd love to. Where should we meet?

굉장한데. 꼭 가고 싶어. 어디로 갈까?

> ▶ **That sounds awesome.**
>
> 상대방의 제안에 대해 강한 긍정으로 대답하는 경우 쓰는 표현이다.
> 'That's awesome.'으로 표현해도 된다.
>
> * awesome : 엄청난, 굉장한
>
> ▶ **I'd love to ~**
>
> = I'd love to (watch the game together.)

6) How about the sports cafe downtown?

시내 스포츠 카페는 어때?

7) They have a great vibe for soccer games.

거긴 축구 경기 보기에는 최적의 분위기야.

> ▶ **have a great vibe for**
>
> 보통 회화에서 '~하기에는 최적의 분위기야.' 라는 의미로 사용한다.
>
> * vibe : 분위기, 느낌

8) Perfect! See you there. Can't wait!

최곤데! 거기서 보자. 빨리 보고 싶어!

> ▶ **Perfect**
>
> 보통 회화에서 상대방의 제안에 대해 긍정적인 반응을 할 때 하는 표현으로 '좋
> 아, 최고야.'로 해석하면 된다.
>
> ▶ **I can't wait**
>
> 원문은 '기다릴 수 없다'라는 의미지만 회화 표현으로는 '그만큼 빨리 ~하고 싶
> 어.' 라는 의미가 강하다. 줄여서 'Can't wait!'로 표현하기도 한다.

외국인 친구에게 먼저 말 걸기

 오늘의 표현

"여기서 한국말이 들릴 줄이야!"
[한국에 관심 있는 친구에게 반갑게 인사하기]

요즘은 해외에 나가도 한국 음식을 먹거나, 한국어를 조금 할 줄 아는 원어민들이 많다. 친구로 사귀기에는 좋은 조건이다. 과감히 인사를 해보자.

"여기서 한국말이 들릴 줄이야!"(~인 줄 기대 안했다.)
→ "I didn't expect to hear Korean here."

'I didn't expect to ~'는 어떤 예기치 않은 상황에 대해 표현할 때 원어민들이 가장 많이 쓰는 표현이다. 통째로 외워두자.

---

* I didn't expect to ~ : ~할 것이라고 기대 안 했다. ~해서 놀랐다.

* expect : 기대하다, 예상하다.

You

Wow, I didn't expect to hear Korean here!
Hi, I'm Jee.

와! 여기서 한국말이 들릴 줄이야. 안녕, 나는 Jee라고 해.

Classmate

Oh, hi! I've been learning Korean.
I'm Daniel.

아, 안녕! 나 한국말 공부하고 있는 중이거든. 나는 Daniel이야.

You

That's awesome, Daniel!
It's so nice to meet someone interested
in my language.

대단한데, Daniel!
우리나라 언어에 관심 있는 사람을 만나다니 너무 기쁘네.

Classmate

I love the culture and language.
It's great to meet you too, Jee.
Do you have any tips for learning Korean?

내가 문화나 언어를 좋아하거든. 나도 만나서 반가워, Jee.
한국어 배우는 요령 같은 거 혹시 있어?

You

Definitely! Let's chat more and I can share
some. Maybe I can help you practice.

당연하지! 더 얘기해보면 몇 가지 알려줄 수 있을 거야.
아마 네가 연습하는데 내가 도울 수 있을 거야.

Classmate

I'd like that. Thanks, Jee!

너무 배우고 싶어! 고마워 Jee!

1) Wow, I didn't expect to hear Korean here! Hi, I'm Jee.
와! 여기서 한국말이 들릴 줄이야. 안녕, 나는 Jee라고 해.

> ▶ **I didn't expect to**
>
> to 뒤에 표현하고 싶은 동사를 써서 '~할 것이라고 기대 안 했다. ~해서 놀랐다.' 라고 해석한다.
>
> * expect : 기대하다,

2) Oh, hi! I've been learning Korean. I'm Daniel.
아, 안녕! 나 한국말 공부하고 있는 중이거든. 나는 Daniel이야.

> ▶ **I have been learning**
>
> '현재완료진행형 문장'으로 '과거 한 순간부터 시작해서 쭉 지금까지 해오고 있다'는 의미이다.
>
> * I have been learning : 과거부터 지금까지도 쭉 배우고 있어.

3) That's awesome, Daniel!
대단한데, Daniel!

4) It's so nice to meet someone interested in my language.
우리나라 언어에 관심 있는 사람을 만나다니 너무 기쁘네.

> ▶ **someone interested in**
>
> ~에 관심 있는 사람 = someone (who is) interested in~

5) I love the culture and language. It's great to meet you too, Jee.

내가 문화나 언어를 좋아하거든. 나도 만나서 반가워, Jee.

6) Do you have any tips for learning Korean?

한국어 배우는 요령 같은 거 혹시 있어?

> ▶ **Do you have any tips for ~**
>
> '~ 하는데 요령 같은 거 있어?'라고 해석한다.
>
> * tip : 요령

7) Definitely! Let's chat more and I can share some.

당연하지! 더 얘기해보면 몇 가지 알려줄 수 있을 거야.

> * definitely : 확실하지, 당연하지 - 확고한 동의.
> * chat : 잡담하다, 대화하다.
> * share : 공유하다. 나누다.

8) Maybe I can help you practice.

아마 네가 연습하는데 내가 도울 수 있을 거야.

> ▶ **help you practice**
>
> 'help + 사람 + 동사기본형'의 형식으로 쓰며 사람 뒤에는 동사 원형이 온다. '사람이 ~하는 걸 도와주다.' 로 해석한다.

9) I'd like that. Thanks, Jee!

너무 배우고 싶어! 고마워 Jee!

외국인 친구에게 먼저 말 걸기

 오늘의 표현

"모두들, 안녕! 여기가 수학 스터디 그룹 맞지?"
(스터디 그룹 다수에게 인사하기)

해외에서 학교생활을 하다보면 스터디 그룹 등 친구들과 그룹 활동을 많이 하게 된다. 그룹 다수에게 나를 소개하고 인사할 때 하는 상황이다. 먼저 스터디 그룹이 맞는지 확인하기 위해 다수에게 말부터 걸어보자.

"모두들, 안녕! 여기가 수학 스터디 그룹 맞지?"
→ "Hi, everyone!"
→ "Is this the study group for math?"

* Is this the study group for ~ : 여기가 ~ 위한 스터디 그룹인가요?

You

Hi everyone, I'm Jee.
Is this the study group for math?

모두들 안녕! 난 Jee라고 해. 여기가 수학 스터디 그룹 맞지?

Group Member

Yes, it is! Welcome, Jee. I'm Mike.

응, 맞아! 환영해 Jee. 나는 Mike야.

You

Thanks, Mike. I'm really looking forward
to studying with you all.

고마워, Mike. 너희 모두랑 공부하는 거 정말 기대 돼.

Group Member

We're happy to have you join us. Do you
have any topics you're struggling with?

우리도 너를 우리 스터디에 가입시켜서 기뻐.
혹시 어려워하는 주제라도 있어?

You

I'm trying to get a better grasp on integral
calculus.

나는 적분학에 대해 좀 더 잘 이해하고 싶어.

Group Member

No worries, we can definitely go over that
today. Let's dive in!

걱정 마, 우리가 확실히 오늘 그 분야에 대해 짚어볼게.
다 같이 뛰어들어 보자고!

1) Hi everyone, I'm Jee. Is this the study group for math?

모두들 안녕! 난 Jee라고 해. 여기가 수학 스터디 그룹 맞지?

> **Is this the study group for + 과목**
>
> 일반적으로 '여기가 ~ 과목 스터디 그룹이지?' 라고 물어볼 때 쓴다.
>
> * math : 수학

2) Yes, it is! Welcome, Jee. I'm Mike.

응, 맞아! 환영해 Jee. 나는 Mike야.

3) Thanks, Mike. I'm really looking forward to studying with you all.

고마워, Mike. 너희 모두랑 공부하는 거 정말 기대 돼.

> **I'm looking forward to ~ing**
>
> 보통 회화에서 가장 많이 쓰는 표현으로 '~하는 거 정말 기대하다. 학수고대하다.' 라고 해석해주며 뒤에 반드시 '~ing' 형태가 와야 한다.

4) We're happy to have you join us.

우리도 너를 우리 스터디에 가입시켜서 기뻐. 혹시 어려워하는 주제라도 있어?

> **have you join us**
>
> 여기서 'have'는 사역동사라고 하며 'have + 사람 + 동사기본형' 형식으로 사용한다. 의미는 '누구를 ~하게 하다, ~하게 만들다.' 라는 의미이며 대화에 맞게 해석하면 '너를 우리 팀에 가입시키다.' 라고 해석해 준다.

5) Do you have any topics you're struggling with?
혹시 어려워하는 주제라도 있어?

* topic : 주제
* struggle with ~ : ~와 고군분투하다, ~와 (어려워서 정신적으로) 씨름하다.

6) I'm trying to get a better grasp on integral calculus.
나는 적분학에 대해 좀 더 잘 이해하고 싶어.

▶ **I'm trying to ~**

보통 회화에서 '~하려고 하고 있는 중이다', '~하려고 하다.'라는 의미로 많이 쓴다.

▶ **get a better grasp on ~**

'get a grasp on'이라고 하면 '~에 대해 파악하다, 이해하다.' 라는 의미의 회화 표현이다. 중간에 'better'이 있으므로 '~에 대해 더 잘 파악하다, 이해하다' 라고 해석한다.

* grasp : 꽉 쥠, 이해, 파악
* integral calculus : 적분학

7) No worries, we can definitely go over that today.
걱정 마, 우리가 확실히 오늘 그 분야에 대해 짚어볼게.

▶ **No worries**

보통 회화에서 '걱정 마' 라는 의미로 많이 쓰는데, 여기서 'worries'는 복수 명사 개념으로 사용한다. 같은 의미로 'Don't worry.'의 'worry'는 동사의 개념으로 사용한다.

* go over :검토하다, 살펴보다.

8) Let's dive in!
다 같이 뛰어들어 보자고!

* dive in : 뛰어들다, 몰입하다. 몰두하다.

DAY 11

이웃에게 먼저 말 걸기

 오늘의 표현

"안녕하세요, 저는 막 ~로 이사 온 ~라고 합니다."
(이웃에게 먼저 말 걸기 - 1)

현지에서 살게 되면 새로운 이웃들과 마주하게 된다. 이사 온 위치를 알리면서 서로 어색하지 않게 먼저 인사해보자.

"저는 막 옆집으로 이사 온 Juno라고 합니다."
→ "I'm Juno. Just moved in next door."
→ I have just moved in + 장소.

"저는 막 길 건너편으로 이사 온 Juno라고 합니다."
→ "I'm Juno. Just moved in across the street."
→ I have just moved in + 장소.

---

* move in : 이사 오다.
* (I have) just moved in. : 내가 막 이사 왔다. (I have)는 줄여서 말하기도 한다.

1

You

Hello, I'm Juno. Just moved in next door.

안녕하세요. 저는 막 옆집으로 이사 온 Juno라고 합니다.

Neighbor

Hi, Juno, I'm Emma. Welcome!

안녕하세요, Juno 씨. 저는 Emma라고 해요. 환영해요!

You

Thanks, Emma! Happy to be here.

고마워요, Emma 씨! 여기 오게 돼서 기뻐요.

2

You

Good morning, I'm Juno.
Just moved in across the street.

안녕하세요. 저는 막 길 건너편으로 이사 온 Juno라고 합니다.

Neighbor

Morning! I'm Emma.
Nice to have you in the neighborhood.

네 안녕하세요! 저는 Emma라고 해요. 이웃이 생겨 기쁜데요.

You

Thanks, Emma. It seems like a great place.

감사합니다, Emma 씨. 여기는 좋은 동네 같아요.

1.
1) Hello, I'm Juno. Just moved in next door.
안녕하세요. 저는 막 옆집으로 이사 온 Juno라고 합니다.

> ▶ **Just moved in next door.**
>
> 보통 회화에서 앞의 '주어+be동사'는 생략을 한다. 원문은 'I'm just moved in next door.'이며 이웃에게 인사 할 때 많이 쓰는 표현이다. '저는 막 옆집으로 이사 왔어요.'라고 해석한다.
>
> * move in : 이사 오다
> * move out : 이사 가다
> * next door : 이웃, 옆집

2) Hi, Juno, I'm Emma. Welcome!
안녕하세요 Juno 씨. 저는 Emma라고 해요. 환영해요!

3) Thanks, Emma! Happy to be here.
고마워요, Emma 씨! 여기 오게 돼서 기뻐요.

> ▶ **happy to he here.**
>
> 보통 회화에서 앞의 '주어+be동사'는 생략을 한다. 원문은 'I'm happy to be here.'이며 '여기로 이사 오게 되어 기쁘다.' 라고 해석한다.

2.

4) Good morning, I'm Juno.
Just moved in across the street.

안녕하세요. 저는 막 길 건너편으로 이사 온 Juno라고 합니다.

> * across the street : 길 건너편 동네

5) Morning! I'm Emma.
Nice to have you in the neighborhood.

네 안녕하세요! 저는 Emma라고 해요. 이웃이 생겨 기쁜데요.

> ▶ **Nice to have you in the neighborhood.**
>
> 보통 회화에서 앞의 '주어+be동사'는 생략을 한다. 원문은 (It's) nice to have you in the neighborhood. 이며 '이웃이 생겨 기뻐요.' 라고 해석한다.
>
> * neighbor : 이웃 사람
> * neighborhood : 이웃

6) Thanks, Emma. It seems like a great place.

감사합니다, Emma 씨. 여기는 좋은 동네 같아요.

> ▶ **It seems like ~**
>
> 보통 회화에서 '~처럼 보이다. ~같다'라고 할 때 많이 쓰는 표현이다.
>
> * It seems like a great place. : 이사 온 이곳은 좋은 동네 같아요.

DAY 12

이웃에게 먼저 말 걸기

 오늘의 표현

"저는 ~에서 왔어요."
"근데 아직도 짐 정리하고 있어요."
(이웃에게 먼저 말 걸기 - 2)

이웃들이 내가 어디에서 이사 왔는지 궁금해할 수도 있다. 가볍게 얘기해주며 어색하지 않게 다가가자.

"저는 Bloomfield에서 왔어요."
→ "I moved from Bloomfield."

"근데 아직도 짐 정리하고 있어요."
→ "Still unpacking, though."

---

* move from ~ : ~로부터 이사 오다.
* still : 아직, 여전히
* unpack : 짐을 풀다.
* though : 그럼에도 불구하고.

1

You

Hi, I'm Jane. I've just moved in.
It's nice to meet you all.

안녕하세요. 저는 Jane이라고 합니다. 막 이사 왔어요. 모두 반갑습니다.

Neighbor

Hello, Jane. I'm Alex.
Welcome to the neighborhood!
Where did you move from?

안녕하세요, Jane 씨. 저는 Alex예요.
이사 오신 거 환영해요. 어디서 오셨어요?

You

Thank you, Alex. I moved from Bloomfield.
I've heard great things about this area.

감사합니다, Alex 씨. 저는 Bloomfield라는 곳에서 왔어요.
여기에 대해서는 좋다고 많이 들었어요.

2

You

Hi there, I'm Jane, the new neighbor.

안녕하세요, 저는 Jane이라고 해요. 새로 이사 왔어요.

Neighbor

Welcome, Jane! I'm Alex. How's the move been?

환영해요, Jane 씨. 저는 Alex예요. 이사는 잘 하셨나요?

You

Pretty smooth, thanks for asking, Alex.
Still unpacking, though.

무난하게요. 신경 써줘서 감사해요. Alex 씨.
근데 아직도 짐 정리하고 있어요.

1.

1) Hi, I'm Jane. I've just moved in. It's nice to meet you all.
안녕하세요. 저는 Jane이라고 합니다. 막 이사 왔어요. 모두 반갑습니다.

2) Hello, Jane. I'm Alex. Welcome to the neighborhood!
안녕하세요, Jane 씨. 저는 Alex예요. 이사 오신 거 환영해요.

> ▶ **Welcome to the neighborhood**
> 상대방을 환대할 때 쓰는 표현이다. 'Welcome to + 말하는 사람이 있는 장소'
> 의 형식으로 쓴다.

3) Where did you move from?
어디서 오셨어요?

4) Thank you, Alex. I moved from Bloomfield.
감사합니다, Alex 씨. 저는 Bloomfield라는 곳에서 왔어요.

> * move from ~ : ~로부터 이사 오다.

5) I've heard great things about this area.
여기에 대해서는 좋다고 많이 들었어요.

> ▶ **I have heard great things about ~**
> 처음 인사할 때 그 장소나 위치에 대해 칭찬을 할 때 쓰는 표현이다.
> '~에 관해서 좋은 것들을 듣다, 좋다고 듣다.' 라고 해석한다.

2.
6) Hi there, I'm Jane, the new neighbor.
안녕하세요, 저는 Jane이라고 해요. 새로 이사 왔어요.

> ▶ **the new neighbor.**
>
> 보통 회화에서 앞의 '주어+be동사'는 생략을 한다. 원문은 'I'm the new neighbor.'
> 이며 '새로 온 이웃입니다. 새로 이사 왔어요.' 라고 해석한다.

7) Welcome, Jane! I'm Alex. How's the move been?
환영해요, Jane 씨. 저는 Alex예요. 이사는 잘 하셨나요?

> ▶ **How has the move been?**
>
> 보통 회화에서 사용하는 '~는 어땠어요?'라는 표현이며, 'How has + 주어 +
> been'의 형태이다. 여기서 'move'는 이동, 이사라는 명사이다. '그동안 이사는
> 어땠어요? = 이사 잘 하셨어요?'라고 해석해 주면 된다.
> * the move : (명사) 이사

8) Pretty smooth, thanks for asking, Alex.
무난하게요. 신경 써줘서 감사해요. Alex 씨.

> ▶ **Pretty smooth.**
>
> 보통 'smooth'라고 하면, 어떤 상태가 'smooth하다'라고 생각하기 쉬우나, '상황
> 이 매우 무난하다.' 라는 표현으로도 많이 사용한다. = (It was) pretty smooth.

9) Still unpacking, though.
근데 아직도 짐 정리하고 있어요.

> ▶ **still unpacking, though.**
>
> 보통 회화에서 앞의 '주어+be동사'는 생략을 한다. 원문은 'I am still unpacking,
> though.' 이며 '근데, 아직도 짐정리 하고 있어요.'라고 해석한다.
> * pack : 짐을 싸다, 꾸리다.   * unpack : 짐을 풀다.

DAY 13

룸메이트에게 먼저 말 걸기

> # "우리 룸메이트인 거 같은데."
> # "방 같이 쓰게 돼서 기뻐."
> ## (룸메이트에게 먼저 말 걸기 - 1)

처음 보는 사람과 방을 공유한다는 건 많이 어색한 일이다. 특히 외국인 친구와는 더 그럴 수 있다. 이럴 때 먼저 말을 걸고 그런 어색한 상황을 탈피해보자.

"우리 룸메이트인 거 같은데."
→ "Looks like we're roommates."

"방 같이 쓰게 돼서 기뻐."
→ "Excited to share the space with you."

---

* It looks like + 문장 : ~같은데.
* roommates : 한방 친구, 동거인
* I am excited to ~ : ~해서 기뻐.
* share : 공유하다
* space : 공간, 방

1

You

Hey, I'm Jay. Looks like we're roommates.

안녕, 난 Jay라고 해. 우리 룸메이트인 거 같은데.

Roommate

Hi, Jay! I'm Edward.
Excited to share the space with you.

안녕, Jay! 난 Edward야. 너랑 방 같이 쓰게 돼서 기뻐.

You

Me too, Edward.
Hope we can make it a great year together.

나도, Edward. 올 한해 잘 지냈으면 좋겠다.

2

You

Hello there, I'm Jay.
I just moved into our dorm room.

안녕, 난 Jay라고 해. 방금 우리 기숙사로 왔어.

Roommate

Oh, hi! I'm Edward. Welcome in.

아, 안녕, 난 Edward. 이 방에 온 걸 환영해.

You

Thanks, Edward,
Looking forward to the semester.

고마워, Edward. 이번 학기 기대되네.

1.

1) Hey, I'm Jay. Looks like we're roommates.

안녕, 난 Jay라고 해. 우리 룸메이트인 거 같은데.

> ▶ **Looks like ~**
>
> 보통 회화에서 '~ 같은데,' 라는 표현으로 많이 쓰는 표현으로 말그대로 시각적인 상황이 조금 크다. 원문은 'It looks like ~'이며 회화상에서 앞의 주어 'It'를 생략해서 자주 말한다.

2) Hi, Jay! I'm Edward. Excited to share the space with you.

안녕, Jay! 난 Edward야. 너랑 방 같이 쓰게 돼서 기뻐.

> ▶ **Excited to share the space with you.**
>
> 보통 회화에서 앞의 '주어+be동사'는 생략을 한다. 원문은 'I'm excited to share the space with you.' 이며 너랑 공간(방)을 같이 써서 기뻐.'라고 해석한다.
>
> * share the space : 방을, 공간을 공유하다.

3) Me too, Edward.
Hope we can make it a great year together.

나도, Edward. 올 한해 잘 지냈으면 좋겠다.

> ▶ **Hope we can make it.**
>
> 원문은 'I hope + 문장'의 형식이며 주어를 생략해서 'Hope +문장'으로 표현했다. 의미는 '~을 기대하다, ~을 바라다'라고 해석한다.
>
> * make it : 잘 해내다, 잘 지내다.

2.

4) Hello there, I'm Jay. I just moved into our dorm room.

안녕, 난 Jay라고 해. 방금 우리 기숙사로 왔어.

▶ **move into ~**

'move in'은 상대방이 있는 제한되지 않은 큰 장소로 이동함을 의미하고, 'move into'는 상대방이 있는 제한된 장소로 이동함을 의미한다. '상대방이 있는 기숙사로 이동했다.'로 해석하면 된다.

* dorm : 기숙사, 공동 침실 = dormitory

5) Oh, hi! I'm Edward. Welcome in.

아, 안녕, 난 Edward. 이 방에 온 걸 환영해.

* Welcome in. : 들어온 걸 환영해!

6) Thanks, Edward, Looking forward to the semester.

고마워, Edward. 이번 학기 기대되네.

▶ **I'm looking forward to the semester.**

보통 회화에서 가장 많이 쓰는 표현으로 '~하는 거 정말 기대하다. 학수고대하다.' 라고 해석해주며 'to' 뒤에 반드시 '~ing' 대신 명사도 올 수 있다. 역시 '주어 +be동사'는 생략할 수 있다.

* semester : 한 학기

DAY 14

룸메이트에게 먼저 말 걸기

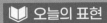
"우리 기숙사 좋다."
"어떤 침대로 할 지 생각해 봤어?"
(룸메이트에게 먼저 말 걸기 - 2)

룸메이트를 처음 봤을 때 기숙사에 대한 칭찬으로 말을 시작해도 괜찮다.

"우리 기숙사 좋다."
→ "Our dorm looks nice."

"어떤 침대로 할지 생각해봤어?"
→ "Have you thought about which bed you'd prefer?"

---

* dorm : 기숙사 = dormitory.
* Have you thought about ~ : ~ 에 대해 생각해봤어?
* Which bed you would prefer? : 어떤 침대로 할지 생각해봤어?
* prefer : 선호하다.

You

Hey there, I'm Jeff.
It's great to meet you, our dorm looks nice.
안녕, 난 Jeff라고 해. 만나서 반가워. 우리 기숙사 좋다.

Roommate

Hi, Jeff! I'm William. Yeah, it's pretty cozy here. Have you thought about which bed you'd prefer? Feel free to choose first.
안녕, Jeff! 난 William이야. 그래, 여기 상당히 아늑하지. 어떤 침대로 할지 생각해봤어? 마음대로 먼저 정해!

You

Thanks, William. I don't mind either, but I'll take the one near the window, if that's okay.
고마워, William. 나도 상관없긴 한데, 뭐 괜찮다면, 창문 근처로 할게.

Roommate

Sure thing, the window bed is all yours.
Let me know if you need help setting up.
물론이지. 창문에 있는 침대는 편하게 써.
짐 나를 때 필요하면 얘기해.

1) Hey there, I'm Jeff.
It's great to meet you, our dorm looks nice.
안녕, 난 Jeff 라고 해. 만나서 반가워. 우리 기숙사 좋다.

> ▶ **Our dorm looks nice.**
>
> '주어 + look nice'는 보통 칭찬하는 표현이다. '주어'가 사람일 수도, 사물일수도,
> 장소일수도 있다.
>
> * dorm : 기숙사 = dormitory.

2) Hi, Jeff! I'm William. Yeah, it's pretty cozy here.
안녕, Jeff! 난 William이야. 그래, 여기 상당히 아늑하지.

3) Have you thought about which bed you'd prefer?
어떤 침대로 할지 생각해봤어?

> ▶ **Have you thought about which bed you'd prefer?**
>
> 보통 회화에서 상대방의 의견을 묻는 표현 중에 'Have you thought about~'이
> 라고 완료형을 물어보는 경우는 '지금까지 ~에 대해서 생각해봤어?' 라는 의미
> 이다. 뒤의 'which bed you would prefer'은 그대로 해석하면 '네가 어떤 침대
> 를 택할지'라는 의미이다.
>
> * prefer : 선호하다

4) Feel free to choose first.
마음 놓고 먼저 정해!

> ▶ **Feel free to choose first.**
>
> 상대방에게 호의의 표시로 많이 쓰는 표현이다. '마음대로 ~ 해라, 주저하지 말
> 고 ~해라.'라는 의미이다.
>
> *choose : 선택하다.

5) Thanks, William. I don't mind either,

고마워, William. 나도 상관없긴 한데,

> ▶ **I don't mind either.**
>
> 보통 회화에서 'mind'는 '꺼리다'로 해석하지 말고 '상관하다'로 해석하면 된다.
> '나 역시 상관 안 한다' 의미로 해석한다.
>
> * either : 부정문에서 '나도, 역시'라는 의미로 'too' 대신 사용한다.

6) but I'll take the one near the window, if that's okay.

뭐 괜찮다면, 창문 근처로 할게.

> ▶ **I'll take ~**
>
> 상품을 고르거나, 어떤 사물을 선택할 때 가장 많이 쓰는 표현이다.
> '~로 할게.'로 해석한다.
>
> * near the window : 창문 근처에 있는

7) Sure thing, the window bed is all yours.

물론이지. 창문에 있는 침대는 편하게 써.

> ▶ **Sure thing**
>
> 상대방의 의견이나 제안에 대해 '물론이지.' 라는 의미로 'Of course' 도 있지만, 오히
> 려 회화에서 더 많이 쓰는 표현이다.
>
> * be all yours : 마음껏 하세요, 편하게 쓰세요.

8) Let me know if you need help setting up.

짐 나를 때 필요하면 얘기해.

> ▶ **Let me know if ~**
>
> '상대방에게 만약 ~한다면 알려줘.'라는 의미로 많이 쓰며 통째로 외워두자.
>
> * setting up : 설정, 설치, 배치, 짐 나르는 것

룸메이트에게 먼저 말 걸기

"선호하는 자리 있어?"
"문에서 가까운 자리로 할게."
(룸메이트에게 먼저 말 걸기 - 3)

룸메이트와 침대 선정을 할 때 서로 선호하는 자리를 명확히 말해보자.

"선호하는 자리 있어?"
→ "Do you have a preference?"

"문에서 가까운 자리로 할게."
→ "I'd like the one closer to the door."

---

* preference : 선호, 기호
* I'd like ~ : ~하기를 원하다. = I would like ~
* closer : 좀 더 가까운 = close + er (비교급)

You

Hi, I'm Jee, your roommate.
Do you have a preference?

안녕, 나는 네 룸메이트 Jee 라고 해. 선호하는 자리 있어?

Roommate

Hey, Jee! I'm Hazel. I'd like the one closer to the door, if that's okay with you.

안녕, Jee! 나는 Hazel이라고 해.
나는 너만 괜찮으면 문에서 가까운 침대가 좋긴 한데.

You

That works for me. I was leaning towards the one by the window anyway.

나도 좋아. 어쨌든 나는 창문 옆 침대가 좋거든.

Roommate

Perfect, thanks!

잘됐네, 고마워!

You

Looking forward to a great semester with you.

너랑 같이 보낼 학기 정말 기대돼.

1) Hi, I'm Jee, your roommate.
안녕, 나는 네 룸메이트 Jee라고 해.

2) Do you have a preference?
선호하는 자리 있어?

> ▶ **Do you have a preference?**
>
> 상대방에게 '무엇을 선택했는지, 무엇을 원하는지' 물어볼 때 가장 많이 쓰는 표현이다.
>
> * preference : 선호

3) Hey, Jee! I'm Hazel. I'd like the one closer to the door, if that's okay with you.
안녕, Jee! 나는 Hazel이라고 해. 나는 너만 괜찮으면 문에서 가까운 침대가 좋긴 한데.

> ▶ **if that's okay with you.**
>
> '누구가 괜찮다면' 이라고 'okay'를 사람과 함께 쓸 때는 항상 뒤에 'with'를 사용한다.
>
> * I'd like the one : 여기서 'the one'은 'the bed'를 의미하는 부정대명사.
> * closer to the door : 문에 더 가까운

4) That works for me.
나도 좋아.

> ▶ **That works for me.**
>
> 흔히 상대방의 의견이나 제안에 대해 흔쾌히 동의할 때 쓰는 표현으로 '나도 좋아, 나는 괜찮아.' 라고 해석한다. 여기서 'work'는 '일하다'라는 의미보다는 '작동하다, 효력있다'라는 의미로 해석한다.

5) I was leaning towards the one by the window anyway.
어쨌든 나는 창문 옆 침대가 좋거든.

> ▶ **I was leaning towards the one**
>
> 보통 'lean toward'라고 하면 '~로 마음이 기울어지다, ~를 선호한다.'라는 의미가 강하다. '나는 그 침대가 더 좋아'라고 해석하면 된다.
>
> * lean : 기울다
> * towards : 어떤 방향을 향하여
> * by the window : 창문 옆

6) Perfect, thanks!
잘됐네, 고마워!

7) Looking forward to a great semester with you.
너랑 같이 보낼 학기 정말 기대돼.

> ▶ **Looking forward to.**
>
> 보통 회화에서 가장 많이 쓰는 표현으로 '~하는 거 정말 기대하다. 학수고대하다.' 라고 해석해 주며 'to' 뒤에 '~ing' 대신 명사도 올 수 있다. 역시 '주어+be동사'는 생략할 수 있다.
>
> * look forward to ~ : ~를 학수고대하다.
> * semester : 학기

DAY 16

직장 동료에게 먼저 말 걸기

 오늘의 표현

> **"저는 새로운 기획팀 소속 ~라고 해요."**
> **"오늘 막 업무 시작한 ~라고 해요."**
> [직장 동료에게 먼저 말 걸기 - 1]

외국계 회사에서 혹은 해외 근무지에서, 팀에 새로 입사했을 경우 주변 동료들에게 먼저 말을 걸어보자.

"저는 새로운 기획팀 소속 ~라고 해요."
→ "I'm Johns, the new Planning team."

"오늘 막 업무 시작한 ~라고 해요."
→ "I'm Johns. Just started today."

---

* Planning Team : 기획팀

74

1

You

Hi, I'm Johns, the new Planning team.
안녕하세요, 저는 새로운 기획팀 소속 Johns라고 합니다.

Colleague

Welcome, Johns! I'm Ivy, nice to meet you.
안녕하세요, Johns 씨. 저는 Ivy예요. 만나서 반가워요.

You

Nice to meet you too, thanks!
저도 만나서 반갑습니다. 감사합니다!

2

You

Hey, I'm Johns. Just started today.
안녕하세요. 저는 오늘 막 업무 시작한 Johns라고 해요.

Colleague

Oh, hi Johns! I'm Ivy. Welcome aboard!
안녕하세요, Johns 씨! 저는 Ivy라고 해요. 입사 축하해요!

You

Thanks, Ivy! Glad to be here.
감사합니다. Ivy 씨! 입사하게 되어 기쁩니다.

1.

1) Hi, I'm Johns, the new Planning team.

안녕하세요, 저는 새로운 기획팀 소속 Johns라고 합니다.

▶ **the new Planning team**

굳이 문장으로 표현을 하지 않아도 'the new + 팀'이라고 하면 '새로 만들어진 팀 소속으로 들어왔다'는 의미로 받아들인다.

* Planning Team : 기획팀
* Management Support Team : 경영지원팀
* General Affairs Team : 총무팀
* Personnel Section : 인사과

---

2) Welcome, Johns! I'm Ivy, nice to meet you.

안녕하세요, Johns 씨. 저는 Ivy예요. 만나서 반가워요.

3) Nice to meet you too, thanks!

저도 만나서 반갑습니다. 감사합니다!

2.

4) Hey, I'm Johns. Just started today.

안녕하세요. 저는 오늘 막 업무 시작한 Johns라고 해요.

▶ **Just started today**

원문은 'I have just started today.'이고 앞의 'I have'를 생략해서 표현했다고 보면 된다. '오늘 막 업무 시작했어요.'라고 해석한다.

5) Oh, hi Johns! I'm Ivy. Welcome aboard!

안녕하세요, Johns 씨! 저는 Ivy라고 해요. 입사 축하해요!

▶ **welcome aboard**

새로 들어온 신입이나 팀원에게 주로 하는 인사이다. 'aboard'는 '승선한, 탑승한'이라는 의미로 보통은 비행기 탑승객들에게 '비행기 탑승 환영한다'는 의미로 하는 인사인데, '우리 팀에 탑승한 걸 축하 한다.'라는 의미로도 많이 사용된다. 간단히 '입사 축하합니다.' 라는 의미로 보면 된다.

* aboard : 승선한, 탑승한

6) Thanks, Ivy! Glad to be here.

감사합니다. Ivy 씨! 입사하게 되어 기쁩니다.

▶ **Glad to be here**

보통 회화에서 앞의 '주어+be동사'는 생략을 한다. 원문은 'I'm glad to be here'이며 '여기서 함께 해서 기쁘네요.'라고 해석하면 된다.

DAY
17

직장 동료에게 먼저 말 걸기

"이번에 팀에 새로 합류했습니다."
"여기는 처음입니다."
[직장 동료에게 먼저 말 걸기 - 2]

새로 팀에 합류했을 경우 동료들에게 나를 소개해보자.

"이번에 팀에 새로 합류했습니다."
→ "New to the team."

"여기는 처음입니다."
→ "New around here."

---

* new to ~ : ~에 새로 온 = (I am) new to ~
* new around here : 여기는 처음입니다. = (I'm) new around here.

1

You

Hello, Juno here. New to the team.

안녕하세요, 저는 Juno라고 합니다. 팀에 새로 합류했습니다.

Colleague

Hi, Juno! I'm Camila. Great to have you with us.

안녕하세요, Juno 씨.
저는 Camila라고 해요. 같은 팀이 돼서 너무 기뻐요.

You

Thank you, Camila! Looking forward to working together.

감사합니다. Camila 씨! 같이 일하게 되어 기대됩니다!

2

You

Hi, I'm Juno, new around here.

안녕하세요, 저는 Juno라고 합니다. 여기는 처음입니다.

Colleague

Welcome, Juno! Camila here.
How's your first day going?

환영해요, Juno 씨! 저는 Camila라고 해요. 첫 날인데 어때요?

You

So far, so good, thanks!
Everyone's been really welcoming.

아직까지는 괜찮습니다. 감사해요!
모두들 진심으로 환영해주시네요.

1.

1) Hello, Juno here. New to the team.

안녕하세요, 저는 Juno라고 합니다. 팀에 새로 합류했습니다.

> ▶ **New to the team**
>
> 보통 회화에서 앞의 '주어+be동사'는 생략을 한다. 원문은 'I am new to the team'으로 '팀에 새로 합류했다'라는 의미로 해석하면 된다. '주어 + be 동사'는 생략해서 표현하기도 한다.
>
> ▶ **Juno here.**
>
> 자기 소개할 때 'I am' 대신 위치를 나타내는 'here'을 쓰기도 한다. '여기 Juno 라고 합니다.' 라고 해석해도 된다.

2) Hi, Juno! I'm Camila. Great to have you with us.

안녕하세요, Juno 씨. 저는 Camila라고 해요. 같은 팀 돼서 너무 기뻐요.

> ▶ **Great to have you with us.**
>
> 보통 회화에서 앞의 '주어+be동사'는 생략을 한다. 원문은 'I'm great to have you with us.'이며 '너를 우리와 함께 가지다, 즉, 너와 함께 팀이 되다.'로 해석한다.

3) Thank you, Camila!
Looking forward to working together.

감사합니다. Camila 씨! 같이 일하게 되어 기대됩니다!

2.

4) Hi, I'm Juno, new around here.

안녕하세요, 저는 Juno라고 합니다. 여기는 처음입니다.

> ▶ **new around here**
>
> 보통 회화에서 앞의 '주어+be동사'는 생략을 한다. 원문은 'I'm new around here.'이며 '저는 여기 처음이에요.'라고 해석하면 된다.

5) Welcome, Juno! Camila here.

환영해요, Juno 씨! 저는 Camila라고 해요.

6) How's your first day going?

첫 날인데 어때요?

> ▶ **How is your first day going?**
>
> 'How is + 주어 + going?' 형식으로 '주어'가 어떻게 되어가?, '주어'는 요즘 어때? 로 해석한다. 여기서는 주어가 'your first day'이므로 '너의 첫날은 어떻게 되어가?', '첫날인데 어때?'로 해석하면 된다.

7) So far, so good, thanks!

아직까지는 괜찮습니다. 감사해요!

> ▶ **So far, so good**
>
> 보통 회화에서 'so far'은 '지금까지, 아직까지'라는 의미이고 '지금까지는 좋다, 괜찮다' 의미로 보면 된다.

8) Everyone's been really welcoming.

모두들 진심으로 환영해주시네요.

> * Everyone has been welcoming. : 모든 사람들이 환영해 주고 있습니다.

DAY 18

직장 동료에게 먼저 말 걸기

 오늘의 표현

Daily Check.

"여기서 무슨 일 하세요?"
"여기서 근무한 지는 3년 정도 되었어요."
[직장 동료에게 먼저 말 걸기 - 3]

동료와 인사를 나눌 때, 어느 부서에서 일을 하는지, 얼마나 근무했는지에 대해
자연스럽게 표현해보자.

"여기서 무슨 일 하세요?"
→ "What do you do here?"

"여기서 근무한 지는 3년 정도 되었어요."
→ "I've been here for 3 years."

---

* What do you do here? : 이렇게 질문하면 보통 업무, 부서등에 대해 대답한다.
* have been here for ~ : ~ 얼마 동안 여기 있어왔다. / 근무하고 있다.

You

Hi, I'm Emily. I just started working here.
It's nice to meet you.

안녕하세요, 저는 Emily라고 합니다. 이곳에서 막 일을 시작했어요.
만나서 반갑습니다.

Colleague

Nice to meet you too, Emily. I'm Dave.
If you need anything or have any questions,
feel free to ask.

Emily 씨 만나서 반갑습니다. 저는 Dave라고 합니다.
필요한 것이나 질문 있으면 언제든지 물어보세요.

You

Thank you, I appreciate that.
What do you do here?

고맙습니다. 여기서 무슨 일 하세요?

Colleague

I work in the Marketing team.
I've been here for 3 years. How about you?

전 마케팅 팀에서 일하고 있어요.
여기서 근무한 지는 3년 정도 되었고요. Dave 씨는요?

You

I'm in the Sales Support team.
I'm looking forward to working with everyone.

저는 영업지원팀에 있어요. 모든 분들과 함께 일하는 게 기대가 돼요.

Colleague

Welcome aboard! You'll do great here.

입사 축하드려요. 여기서 잘 하실 거예요.

1) Hi, I'm Emily. I just started working here. It's nice to meet you.

안녕하세요, 저는 Emily라고 합니다. 이곳에서 막 일을 시작했어요.
만나서 반갑습니다.

2) Nice to meet you too, Emily. I'm Dave.

Emily 씨 만나서 반갑습니다. 저는 Dave라고 합니다.

3) If you need anything or have any questions, feel free to ask.

필요한 것이나 질문 있으면 언제든지 물어보세요.

> ▶ feel free to ask.
>
> 상대방에게 호의의 표시로 많이 쓰는 표현이다. '마음대로 ~ 해라, 주저하지 말고 ~해라.' 라는 의미이다.
>
> * ask : 묻다, 물어보다.

4) Thank you, I appreciate that. What do you do here?

고맙습니다. 여기서 무슨 일 하세요?

> * What do you do here? : 여기서 무슨 일 하세요?

5) I work in the Marketing team.

전 마케팅 팀에서 일하고 있어요.

▶ **work in + 부서**

보통 특정 부서에서 일할 때는 'work in + 부서'라고 표현하며, 특정 회사에서
일할 때는 'work for + 회사'라고 표현한다.

* Marketing team : 마케팅팀

6) I've been here for 3 years. How about you?

여기서 근무한 지는 3년 정도 되었고요. Dave 씨는요?

▶ **I have been for 3 years.**

현재완료형으로 '지금까지 있었다.'라는 의미로 '회사에서 3년간 근무했다.'로
해석한다.

7) I'm in the Sales Support team.

저는 영업지원팀에 있어요. 막 시작했어요.

▶ **I am in ~**

팀이나, 부서를 말할 때는 주로 전치사 'in'을 앞에 붙여준다. '저는 ~팀에 있습니
다.'로 해석한다.

* the Sales Support team : 경영지원팀

8) I'm looking forward to working with everyone.

모든 분들과 함께 일하는 게 기대가 돼요.

9) Welcome aboard! You'll do great here.

입사 축하드려요. 여기서 잘 하실 거예요.

DAY
19

직장 동료에게
먼저 말 걸기

> ## "최근에 팀에 합류했습니다."
> ## "알아야 할 게 많습니다."
> ### (직장 동료에게 먼저 말 걸기 - 4)

동료들에게 본인이 맡은 팀에 대해 간단히 설명해보자.

"최근에 팀에 합류했습니다."
→ "I've recently joined the team."

"알아야 할 게 많습니다."
→ "It's a lot to take in."

---

* recently : 최근에
* join the team : 팀에 합류하다. = join + 목적어
* a lot to ~ : ~할 게 많은
* take in : 이해하다, 받아들이다. (업무 관련 파악할 일이 많다는 의미)

You

Hello, my name's Rachel.
I've recently joined the team.

안녕하세요, 제 이름은 Rachel이에요. 최근에 팀에 합류했습니다.

Colleague

Hi, Rachel, welcome! I'm John.
How are you finding everything so far?

안녕하세요, Rachel 씨. 환영해요! 저는 John이라고 해요.
회사 생활 어때요?

You

Thanks, John! It's a lot to take in,
but I'm excited to be here.
Everyone's been really welcoming.

고마워요, John! 알아야 할 게 너무 많긴 하지만, 그래도 일하는 게 즐겁네요. 모두들 잘 대해주시고요.

Colleague

That's great to hear.
I'm in the Overseas Business Division.
If you have any questions, my door is always open.

잘 됐네요. 저는 해외사업부에 있어요. 질문 있으면 언제든지 오세요.

You

I really appreciate that, thanks.

정말 고맙습니다.

1) Hello, my name's Rachel. I've recently joined the team.

안녕하세요, 제 이름은 Rachel이에요. 최근에 팀에 합류했습니다.

> ▶ **I've recently joined the team.**
> 부사 'recenty'는 '최근에'라는 의미로 반드시 동사 완료형과 함께 쓰인다.
> * recently : 최근에
> * join the team : 팀에 합류하다 = join + 명사

2) Hi, Rachel, welcome! I'm John.

안녕하세요, Rachel 씨. 환영해요! 저는 John이라고 해요.

3) How are you finding everything so far?

지금까지 회사 생활 괜찮아요?

> ▶ **How are you finding everything?**
> 보통 회화에서 상당히 많이 쓰이는 표현으로 '~는 어떤가요?, 어떠니?' 라는 표현이다. 해석할 때 '~는 어떻게 찾고 있니?'라고 해석하지 말 것.
> * so far : 지금까지

4) Thanks, John! It's a lot to take in,

고마워요, John! 알아야 할 게 너무 많긴 하지만,

> ▶ **It's a lot to take in.**
> 보통 'It's a lot to + 동사'는 '~할 게 많다.'라는 의미로 해석한다.
> * take in : 이해하다, 파악하다

5) but I'm excited to be here.
그래도 일하는 게 즐겁네요.

6) Everyone's been really welcoming.
모두들 잘 대해주시고요.

7) That's great to hear.
I'm in the Overseas Business Division.
잘 됐네요. 저는 해외사업부에 있어요.

> ▶ **That's great to hear.**
> 상대방의 얘기에 대해 긍정적인 반응으로 '들어서 대단하다'라는 의미이나 의역
> 하면 '그거 잘 됐다.'라고 해석해준다.
> * Overseas Business Division : 해외사업부

8) If you have any questions, my door is always open.
질문 있거나 말할 거 있으면 언제든지 오세요.

9) I really appreciate that, thanks.
정말 고맙습니다.

> ▶ **I really appreciate that.**
> '감사하다'라는 표현으로 'appreciate'는 뒤에 전치사 없이 바로 명사를 쓴다.
> * I really appreciate for that. (X)

DAY 20

직장 동료에게 먼저 말 걸기

 오늘의 표현

 Daily Check. | | |

"~에서 발령받아 왔어요."
"저는 ~팀의 일원 ~라고 해요."
(직장 동료에게 먼저 말 걸기 - 5)

본사에서 발령을 받았거나, 회사 이동을 했을 경우, 어디서 왔는지 밝히고, 어느 팀에 소속되어 있는지 밝혀보자.

"본사에서 발령 받아 여기로 왔어요."
→ "I just transferred here from the main office."

"저는 ~팀의 일원 ~라고 해요."
→ "I'm Riley, part of the marketing team."

---

* transfer : 옮기다, 이동하다.
* main office : 본사
* branch : 지사

You

Hi, I'm Alex. I just transferred here from the main office in New York.

안녕하세요, Alex라고 해요.
뉴욕에 있는 본사에서 막 발령받아 왔어요.

Colleague

Oh, hi Alex! I'm Riley, part of the marketing team. Nice to meet you.

아, 안녕하세요. Alex 씨! 저는 Riley라고 합니다.
마케팅 팀의 일원이에요. 만나서 반갑습니다.

You

Nice to meet you too, Riley. I've heard a lot of good things about this branch.

저도 반가워요, Riley 씨. 여기 지사에 대한 좋은 얘기 많이 들었어요.

Colleague

Well, we're definitely glad to have you here. If you need anything or have any questions, feel free to ask.

와, 여기서 같이 일하게 되어 기쁘네요.
필요한 거나 질문 있으시면 언제라도 물어보세요.

You

Thank you, I appreciate that.

네, 감사해요.

1) Hi, I'm Alex.
I just transferred here from the main office in New York.

안녕하세요, Alex라고 해요. 뉴욕에 있는 본사에서 막 발령받아 왔어요.

> ▶ **I just transferred here.**
>
> 부서 이전이나 팀을 옮겼다는 표현은 'transfer'라는 단어를 사용해서 표현한다.
> 'transfer here'이라고 하면 '이곳으로 옮겼다'고 해석한다.
>
> * transfer : 이동하다, 옮기다.
> * main office : 본사

2) Oh, hi Alex! I'm Riley, part of the marketing team.
Nice to meet you.

아, 안녕하세요. Alex 씨! 저는 Riley라고 합니다. 마케팅 팀의 일원이에요.
만나서 반갑습니다.

> ▶ **part of the marketing team**
>
> 'part of'라고 하면 단순히 '~의 부분'이라고 해석하기 쉽지만, 사람을 표현하면
> '~의 일원'이라는 의미이다. 이럴 경우 'a part of'라고 하지 말 것.

3) Nice to meet you too, Riley.

저도 반가워요, Riley 씨.

4) I've heard a lot of good things about this branch.

여기 지사에 대한 좋은 얘기 많이 들었어요.

> ▶ I have heard a lot of good things about~
>
> '지금까지 ~에 관해 좋은 얘기 많이 들었다.'라고 칭찬할 때 많이 쓰는 표현이다.
> about 뒤에는 사람이 올수도 있고, 사물이 올 수도 있다.
>
> * branch : 지사

5) Well, we're definitely glad to have you here.

와, 여기서 같이 일하게 되어 기쁘네요.

> ▶ we're definitely glad to have you here.
>
> 앞의 'We are glad to ~'는 '우리가 ~해서 기쁘다.'로 해석하고, 뒤에 'have you
> here'은 '너를 여기에 가지다.' 즉, '네가 여기에 우리와 함께 있다, 일하다.'로 해
> 석한다.
>
> * definitely : 확실히

6) If you need anything or have any questions, feel free to ask.

필요한 거나 질문 있으시면 언제라도 물어보세요.

7) Thank you, I appreciate that.

네, 감사해요.

DAY 21

거래처 직원에게 먼저 말 걸기

 **오늘의 표현**

> ## "오늘 회의 때문에 왔습니다."
> ## "오늘 약속이 있어서 왔습니다."
> ### (거래처 직원에게 먼저 말 걸기)

거래처 직원과 만났을 때는 미리 약속이나 일정을 잡고 만나는 경우가 일반적이다. 그럴 때는 어떤 이유로 오게 되었는지 밝히는 것이 중요하다.

"오늘 회의 때문에 왔습니다."
→ "(I'm) here for our meeting today."

"오늘 약속이 있어서 왔습니다."
→ "We have an appointment today."

---

* new around here : 여기는 처음입니다. = (I'm) new around here.

94

1

You

Hello, I'm Jisu, here for our meeting today.

안녕하세요, 제 이름은 Jisu라고 해요. 오늘 회의 때문에 왔어요.

Them

Hi Jisu, I'm Michael. Pleasure to meet you. How can I assist you today?

안녕하세요, Jisu 씨. 저는 Michael이라고 해요. 만나서 반갑습니다. 오늘 어떻게 도와드릴까요?

You

Thank you, Michael. I'm looking forward to discussing our agenda.

감사합니다. Michael 씨. 우리 안건에 대해 논의하길 바랍니다.

2

You

Hi, I'm Jisu, we have an appointment today.

안녕하세요, 저는 Jisu라고 합니다. 오늘 약속이 있어서 왔어요.

Them

Welcome, Jisu.
I'm Michael. Ready to dive in?

어서 오세요, Jisu 씨.
저는 Michael이라고 합니다. 자, 한번 해볼까요?

You

Absolutely, thanks for having me, Michael.

물론이죠. 불러주셔서 감사해요, Michael 씨.

1.

1) Hello, I'm Jisu, here for our meeting today.

안녕하세요, 제 이름은 Jisu라고 해요. 오늘 회의 때문에 왔어요.

> ▶ **Here for our meeting today**
>
> 보통 회화에서 앞의 '주어+be동사'는 생략을 한다. 원문은 'I'm here for our meeting today.'이며, 'be here for~'라고 하면, '~ 때문에 여기 왔다, ~ 때문에 당신을 만나러 왔다.'라고 해석한다.

2) Hi Jisu, I'm Michael. Pleasure to meet you. How can I assist you today?

안녕하세요, Jisu 씨. 저는 Michael이라고 해요. 만나서 반갑습니다.
오늘 어떻게 도와드릴까요?

> ▶ **Pleasure to meet you.**
>
> 보통 회화에서 앞의 '주어+be동사'는 생략을 한다. 원문은 'It's a pleasure to meet you.'이며, '만나서 기쁘다, 반갑다.'라는 의미로 'nice to meet you'와 같은 의미이다.
>
> * assist : 돕다

3) Thank you, Michael. I'm looking forward to discussing our agenda.

감사합니다. Michael 씨. 우리 안건에 대해 논의하길 바랍니다.

> * agenda : 의제, 안건

2.

4) Hi, I'm Jisu, we have an appointment today.

안녕하세요, 저는 Jisu라고 합니다. 오늘 약속이 있어서 왔어요.

> ▶ **We have an appointment today.**
>
> 비즈니스 상에서 고객이나 거래처와의 약속은 보통 'appointment'라고 한다.
> 우리가 아는 친구사이의 약속은 'plans'라고 한다. 'a plan'은 보통 좋은 생각이나
> 아이디어를 뜻한다.
>
> * a plan : 아이디어
> * plans : 개인끼리의 약속
> * promise : 맹세
> * appointment : 고객과의 약속, 거래처와의 약속 등

5) Welcome, Jisu. I'm Michael. Ready to dive in?

어서 오세요, Jisu 씨. 저는 Michael이라고 합니다. 자, 한번 해볼까요?

> ▶ **Ready to dive in?**
>
> 보통 회화에서 앞의 '주어+be동사'는 생략을 한다. 원문은 'Are you ready to
> dive in?'으로 '우리 그럼 일 제대로 시작해볼까요?' 정도의 의미로 보면 된다.
>
> * dive in : 몰두하다, 빠져들다, 착수하다

6) Absolutely, thanks for having me, Michael.

물론이죠. 불러주셔서 감사해요, Michael 씨.

> ▶ **thanks for having me**
>
> 보통 회화에서 많이 쓰는 표현으로 보통 시상식이나 행사, 미팅등에서 '불러주
> 셔서 감사합니다.'라는 의미로 많이 쓰인다.

DAY 22

어제 본 친구에게
먼저 인사하기

 오늘의 표현

"오늘 어때?"
"응, 아주 좋아. 고마워. 너는?"
(어제 본 친구에게 먼저 인사하기 - 1)

처음 보는 사이가 아니고 어제 보았거나 바로 얼마 전 본 사이에게 건네는 인사
말도 기억해두자.

"오늘 어때?"
→ "How's it going?" (어제 본 친구에게 건네는 인사말)

"응, 아주 좋아. 고마워. 너는?"
→ "Hey, pretty good, thanks. You?" (일상적 대답)

You

Morning! How's it going?
안녕! 오늘 어때?

Friend

Hey, pretty good, thanks. You?
응 , 아주 좋아. 고마워. 너는?

You

Not bad, a bit sleepy though.
Did you catch the game last night?
조금 졸리긴 한데 괜찮아. 어제 밤에 경기 봤어?

Friend

No, missed it. Was it good?
아니, 못 봤어. 좋았어?

You

Yeah, it was amazing.
I'll tell you all about it on the way to class.
응, 대단했지. 수업 들어갈 때 다 말해줄게.

Friend

Cool, I'd like that.
Let's grab our books and head out.
그래, 좋아. 책 챙겨서 가자.

1) Morning! How's it going?

안녕! 오늘 어때?

▶ **How's it going?**

직역을 하면 '어떻게 되어가는 중이야?'라는 의미지만, 현지에서 늘 보는 지인이
나 친구들끼리 통상적으로 '안녕?'이라는 의미로 하는 인사말이다. 질문 형식이
므로 그에 맞는 답을 해주면 된다.

---

2) Hey, pretty good, thanks. You?

응, 아주 좋아. 고마워. 너는?

▶ **pretty good, thanks, You?**

상대방이 오늘 처음 대면할 때 '안녕?'이라는 의미로 건네는 인사말에 대해 대
답하는 통상적인 표현이다. '아주 좋아, 너는?'이라는 의미이며 자주 쓰는 표현
이니 틀을 외워두자.

---

3) Not bad, a bit sleepy though.

조금 졸리긴 한데 괜찮아.

▶ **Not bad**

인사에 대한 대답 형식으로 가장 많이 쓰는 표현이다. 특별한 일이 없거나 괜찮
은 컨디션일 때 하는 표현 정도로 알아두자.

* a bit : 다소
* though : '그럼에도 불구하고'라는 의미로 대화체 맨 뒤에 자주 붙여서 강조한다.

---

4) Did you catch the game last night?

어제 밤에 경기 봤어?

* catch the game : 경기를 잡다, 즉 놓치지 않고 경기를 관람하다.

5) No, missed it. Was it good?

아니, 못 봤어. 좋았어?

> ▶ **missed it**
>
> 원문은 'I missed it.'에서 주어 'I'를 생략했다.
>
> * miss : 놓치다.

6) Yeah, it was amazing.
I'll tell you all about it on the way to class.

응, 대단했지. 수업 들어갈 때 다 말해줄게.

> ▶ **on the way to class**
>
> 보통 회화에서 'on the way to ~'라고 하면 '~가는 길에, 도중에'라는 의미이다.

7) Cool, I'd like that.
Let's grab our books and head out.

그래, 좋아. 책 챙겨서 가자.

> ▶ **Let's grab our books.**
>
> 보통 회화에서 'grab'이라는 단어는 굉장히 많이 쓰인다. '잠시 움켜쥐다.'라는 의미지만, 보통 '음식을 간단히 먹다.'라는 표현일 때도 'grab a meal', '음료를 간단히 마시다'라는 표현일 때도 'grab a drink'라고 한다. 'grab our books'는 단순히 '우리 이제 책들고 가자.'라는 의미로 해석하면 된다.
>
> * grab : 잡다, 움켜쥐다
> * head out : ~ 로 향하다.

DAY 23

어제 본 친구에게 먼저 인사하기

📖 오늘의 표현

"오늘 어때?"
"아주 좋아. 고마워, 너는?"
[어제 본 친구에게 먼저 인사하기 - 2]

어제 보았거나 바로 얼마 전 본 사이에게 건네는 또 다른 인사말도 기억해두자.

"오늘 어때?"
→ "How are you today?" (어제 본 친구에게 건네는 인사말)

"아주 좋아. 고마워, 너는?"
→ "I'm doing well, thanks. How about you?" (일상적 대답)

You

Hey! Good morning, how are you today?
안녕! 오늘 어때?

Friend

Good morning! I'm doing well, thanks.
How about you?
안녕! 아주 좋아. 고마워. 너는?

You

I'm good, thanks for asking.
나도, 좋아. 고마워.

Friend

Yeah, Let's make it a great day!
오늘 잘 해보자!

You

Absolutely.
Have you finished homework for math class?
물론이지. 수학 숙제했어?

Friend

Yes, I did. Did you need any help with it?
응, 뭐 도와줄 거 있었어?

You

No, I managed it, but thanks for offering.
아니, 나도 다 했어. 물어봐줘서 고마워.

1) Hey! Good morning, how are you today?
안녕! 오늘 어때?

> ▶ **How are you today?**
>
> 마찬가지로 직역을 하면 '오늘 어때?'라는 의미지만, 궁금해서 물어본다기보다는 그냥 통상적으로 쓰는 인사말이다.

2) Good morning! I'm doing well, thanks. How about you?
안녕! 아주 좋아. 고마워. 너는?

> ▶ **I'm doing well.**
>
> 상대방의 인사말 'How are you'에 대한 흔한 답변으로 '잘 지내고 있어.'라고 해석하면 된다. 비슷한 답변으로 'Not bad', 즉 '뭐 괜찮아'라는 표현도 있다.

3) I'm good, thanks for asking.
나도, 좋아. 고마워.

> ▶ **thanks for asking**
>
> 한국말로 굳이 해석하면 조금 어색하다. '안부 물어봐줘서 고맙다'는 의미인데, 미국식 인사는 주로 상대방에게 질문을 하는 형식이므로, 그에 대해 통상적으로 붙여서 답해주는 표현이다. 해석에 크게 얽매일 필요는 없다. 다만, 이렇게 답변한다면 상대방에게 꽤 예의 있는 사람으로 여겨질 수는 있다.

4) Yeah, Let's make it a great day!

오늘 잘 해보자!

> ▶ **Let's make it a great day.**
>
> 보통 회화에서 '잘해보자'는 의미로 많이 쓰인다. 여기서 'make it'은 '이룩하다, 완수하다.' 라는 의미가 강하다. 'make it a great day.' 라고 했으니, 'a great day'로 만들어 보자는 의미로 봐도 무방하다. '아주 잘해보자'라는 식으로 해석하자.
>
> * make it a day : 하루를 완성하다, 하루를 잘 보내다.

5) Absolutely.
Have you finished homework for math class?

물론이지. 수학 숙제했어?

> * finish homework : 숙제를 끝내다.

6) Yes, I did. Did you need any help with it?

응, 뭐 도와줄 거 있었어?

7) No, I managed it, but thanks for offering.

아니, 나도 겨우 다 했어. 물어봐줘서 고마워.

> ▶ **I managed it.**
>
> 'manage' 의미 자체가 '간신히 해내다, 어떻게든 해내다.' 라는 의미이므로, 보통 회화에서 저렇게 말하면 '조금 어려움이 있었지만 본인 힘으로 다 해냈다.'라는 의미로 전달된다.
>
> * offer : 제안하다
> * offering : 제안

어제 본 친구에게 먼저 인사하기

 오늘의 표현

> ## "오늘 어때?"
> ## "아주 좋아. 실은 주말 기대하고 있거든. 너는?"
> ### (어제 본 친구에게 먼저 인사하기 - 3)

어제 보았거나 바로 얼마 전 본 사이에서는 안부에 대해 구체적으로 대답할 수도 있다. 이럴 경우는 'thanks'는 생략해도 된다.

"오늘 어때?"
→ "How are you feeling today?" (어제 본 친구에게 건네는 인사말)

"아주 좋아. 실은 주말 기대하고 있거든. 너는?"
→ "I'm pretty good, Actually, excited for the weekend. And you?"
　(구체적인 대답)

You

Hi there! How are you feeling today?

안녕! 오늘 어때?

Friend

Hi! I'm pretty good, Actually, excited for the weekend. And you?

안녕! 아주 좋아. 실은 주말 기대하고 있거든. 너는?

You

Same here, looking forward to some rest. Got any plans?

나도 좋아. 기대하고 있어. 약속 있어?

Friend

Thinking about a movie marathon. Want to join?

영화 정주행 생각하고 있는데, 같이 볼래?

You

Sounds fun, count me in.

재미있겠다. 나도 껴줘.

Friend

Yes, let's go. Don't want to be late.

그래, 가자. 늦겠다.

1) Hi there! How are you feeling today?
안녕! 오늘 어때?

> ▶ **How are you feeling today?**
>
> 마찬가지로 직역을 하면 '오늘 기분이 어때?, 어떻게 느끼는 중이야?'라는 의미지만, 역시 궁금해서 물어본다기보다는 그냥 통상적으로 쓰는 인사말이다.

2) Hi! I'm pretty good. Actually, excited for the weekend. And you?
안녕! 아주 좋아. 실은 주말 기대하고 있거든. 너는?

> ▶ **excited for the weekend**
>
> 보통 회화에서 앞의 '주어+be동사'는 생략을 한다. 원문은 'I am excited for the weekend.' 이며, 의미는 '정말 주말 기대된다.'라는 의미로 해석하면 된다.

3) Same here, looking forward to some rest.
나도 좋아. 쉴 거 기대하고 있어.

> * same here : 나도 마찬가지다.
> * some rest : 휴식

4) Got any plans?
약속 있어?

> ▶ **Got any plans?**
>
> 원래 문장은 'You got any plans.'이며, 보통 평서문에서 'you'를 빼고 그냥 가볍게 물어보기도 한다. 'plans'는 친구 사이의 일상적인 약속을 의미한다.

5) Thinking about a movie marathon. Want to join?

영화 정주행 생각하고 있는데, 같이 볼래?

> ▶ **Thinking about a movie marathon.**
>
> 보통 회화에서 앞의 '주어+be동사'는 생략을 한다. 원문은 'I am thinking about a movie marathon.'이다.
>
> * a movie marathon ; 영화 정주행

6) Sounds fun, count me in.

재미있겠다. 나도 껴줘.

> ▶ **count me in.**
>
> 보통 회화에서 'count'는 '세다, 계산하다' 의 의미인데 'count me'는 '나를 계산하다, 즉 나를 빼먹지 말아라'라는 의미이다. 뒤에 'in'이 붙어서 '나도 거기에 끼는 걸 생각해달라'라는 의미이다.
>
> * Sounds fun : 재미있겠다. = It sounds fun

7) Yes, let's go. Don't want to be late.

그래, 가자. 늦겠다.

> ▶ **Don't want to be late.**
>
> 원문은 'I don't want to be late.'에서 주어가 생략되었다.

DAY 25

어제 본 친구에게 먼저 인사하기

 오늘의 표현

> ### "어제 잘 잤어?"
> ### "세상모르고 잤지."
> ### (어제 본 친구에게 먼저 인사하기 - 4)

어제 보았거나 바로 얼마 전 본 사이에서는 안부를 물을 때 구체적인 답변을 원하는 질문을 할 때도 있다.

"어제 잘 잤어?"
→ "How'd you sleep?"

"세상모르고 잤지."
→ "Like a log."

You

Hey there! How'd you sleep?

안녕, 어제 잘 잤어?

Friend

Pretty well, thanks. How about you?

응, 잘 잤어. 고마워, 너는?

You

Like a log. Ready to tackle today?

세상모르고 잤지. 오늘 각오하고 왔지?

Friend

As ready as I'll ever be.
Did you finish the science project?

준비되고 말고. 과학 프로젝트 끝냈어?

You

Yep, got it done. Need a hand with yours?

응, 다 했어. 도와줄까?

Friend

I might, actually.
Can we look at it during lunch?

도움이 필요할지도 모르겠어. 점심 먹을 때 잠깐 살펴 볼까?

You

Of course, let's do it.
We better get moving, or we'll be late.

물론이지, 그렇게 하자. 가는 게 좋겠어, 늦겠다.

Friend

Right behind you. Thanks, by the way.

바로 뒤따라갈게, 아무튼 고마워.

1) Hey there! How'd you sleep?

안녕, 어제 잘 잤어?

> ▶ **How'd you sleep?**
>
> 원문은 'How did you sleep?'으로 '어젯밤 잘 잤어?'라는 의미로 해석한다. 이 인사말은 처음 보는 사람에게는 안 쓰고 어느 정도 친분이 있거나 지인과 사용하는 표현이다.

2) Pretty well, thanks. How about you?

응. 잘 잤어. 고마워, 너는?

3) Like a log. Ready to tackle today?

세상모르고 잤지. 오늘 각오하고 왔지?

> ▶ **Like a log**
>
> 원문은 'I slept like a log.'이며 'log = 통나무'라는 의미를 넣어 '거의 통나무처럼 잤다, 즉, 세상 모르고 잤다'라고 하는 표현이다. 흔히 'Like a log'이라고 답변한다.
>
> ▶ **Ready to tackle today?**
>
> 원문은 'Are you ready to tackle today?' 문장으로 '오늘 ~할 준비 됐어?'라는 의미이다. 역시 '주어+be동사'를 생략했다고 보면 된다. 'tackle'은 '힘든 문제나 상황과 씨름하다. 해결하다.'라는 의미로 '오늘 각오했지?'라는 의미로 해석하면 된다.

4) As ready as I'll ever be.

준비되고 말고.

> ▶ **as ready as I'll ever be.**
>
> 원문은 'I am as ready as I'll ever be.'이며 '준비되고 말고'로 해석한다.

5) Did you finish the science project?

과학 프로젝트는 끝냈어?

6) Yep, got it done. Need a hand with yours?

응, 다 했어. 도와줄까?

> ▸ **got it done**
>
> 원문은 'I got it done.'이며, 여기서 'got'은 사역동사이다. = get + 사물 + p.p(done)
>
> ▸ **Need a hand with yours**
>
> 원문은 'Do you need a hand with yours?'이며 여기서 'hand'는 help 즉, 도움
> 으로 해석한다. '네 것 하는데에 도움 필요해?'라고 해석한다.

7) I might, actually. Can we look at it during lunch?

도움이 필요할지도 모르겠어. 점심 먹을 때 잠깐 살펴 볼까?

> * I might = I might (need a hand with mine.) : 내 것에 도움이 필요할지도 모른다.
> * during lunch : 점심 먹으면서

8) Of course, let's do it.

물론이지, 그렇게 하자.

9) We better get moving, or we'll be late.

가는 게 좋겠어, 늦겠다.

> * get moving : 이동하다, 옮기다   * or : 그렇지 않으면

10) Right behind you. Thanks, by the way.

바로 뒤따라갈게, 아무튼 고마워

> ▸ **right behind you**
>
> 원문은 'I will be right behind you.'이며 '바로 뒤따라 갈게.'라고 해석한다.

DAY 26

어제 본 이웃에게 먼저 인사하기

"다시 뵙네요."
(어제 본 이웃에게 먼저 인사하기 - 1)

이제는 인사를 나눈 이웃과 친해지자. 한 번 인사한 이웃은 자주 마주칠 것이다. 그럴 경우 어떻게 인사해야 하는지 난감한 경우가 많을 것이다. 간단한 팁만 알아두자.

우리가 기본적으로 외국인을 만났을 때 'nice to see you.'는 거의 자동으로 나올 것이다. 하지만 어제 만났던 사람에게 이렇게 말하는 경우는 어색하다. 이럴 경우 어색해하지 말고 문장 뒤에 'again'만 붙이자.

"다시 뵙네요."
→ "Nice to see you again."

---

* again : 다시

You

Good morning! Nice to see you again.
How's your day starting off?

안녕하세요. 다시 뵙네요. 오늘 어떠세요?

Neighbor

Morning! It's starting off well, thank you.
And yours?

안녕하세요. 매우 좋네요. 감사해요. 당신은요?

You

Pretty good, thanks. Enjoying this nice weather.

저도 좋아요. 오늘 날씨 좋네요.

Neighbor

Yes, it's lovely, isn't it?

그러게요. 최고예요. 그렇지 않나요?

You

Absolutely. Well, have a great day ahead!

정말요. 오늘 좋은 하루 되세요.

Neighbor

You too, take care!

당신도요, 수고하세요!

1) Good morning! Nice to see you again.
안녕하세요. 다시 뵙네요.

> ▶ **Nice to see you again.**
>
> 보통 회화에서 앞의 '주어+be동사'는 생략을 한다. 원문은 'It's nice to see you again.' 이며, '다시 뵙네요.' 혹은 '다시 뵈어 반갑네요.'로 해석하면 된다. 얼마 전 만난 이웃에게 사용할 때 쓰기 좋은 표현이니 꼭 알아두자.

2) How's your day starting off?
오늘 어떠세요?

> * start off : (하루를) 시작하다

3) Morning! It's starting off well, thank you. And yours?
안녕하세요. 매우 좋네요. 감사해요. 당신은요?

> ▶ **Morning!**
>
> 우리가 쉽게 알고 있듯이 아침인사 'Good Morning'을 말한 건데 보통 회화에서 줄여서 'Morning!'이라고 하기도 한다.
>
> *It's starting off well : My day is starting off well.

4) Pretty good, thanks. Enjoying this nice weather.
저도 좋아요. 오늘 날씨 좋네요.

> ▸ **Enjoying this nice weather.**
>
> 보통 회화에서 앞의 '주어+be동사'는 생략을 한다. 이 원칙은 '진행형'에서도 똑
> 같이 적용된다. 원문은 'I am enjoying this nice weather.'이며 여기서 'this'는 '오
> 늘'이라고 해석한다. '저는 오늘 좋은 날씨를 즐기고 있어요.'라고 해석하면 된다.

5) Yes, it's lovely, isn't it?
그러게요. 최고예요. 그렇지 않나요?

> ▸ **it's lovely, isn't it?**
>
> 우리가 알고 있는 부가의문문의 문장이다.

6) Absolutely. Well, have a great day ahead!
정말요. 오늘 좋은 하루 되세요.

> ▸ **have a great day ahead.**
>
> 보통은 대화를 나누다가 헤어질 때 'Have a great day.' 혹은 'Have a good day.'
> 라고 덕담을 해준다. 뒤에 'ahead'가 붙은 이유는 지금 상황이 아침이라 오늘 앞
> 으로 지낸 시간을 강조해서 붙여준 표현이다. '오늘 앞으로도 계속 좋은 일만 있
> 으세요.'라고 해석하면 된다.

7) You too, take care!
당신도요, 수고하세요!

> ▸ **You too, take care.**
>
> 상대방이 'Have a great day.'라고 덕담을 해주면 자동적으로 'You too.'라고 해
> 주는 것이 좋다. '당신도요.' 라는 의미이다. 우리말로 흔히 '수고하세요.'라고 하
> 는 표현은 'take care'로 알아두자.

DAY
27
어제 본 이웃에게 먼저 인사하기

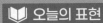 오늘의 표현

Daily Check.

"오늘 아침 어떻게 지내세요?"
(어제 본 이웃에게 먼저 인사하기 - 2)

인사를 나눈 이웃과 마주칠 때 흔히 하는 또 다른 표현이다. 'How are you?' 라고 가볍게 인사해도 되고, 주로 이웃은 아침에 만나므로 'How are you this morning?'이라고 해도 좋다.

"오늘 아침 어떻게 지내세요?"
→ "How are you this morning?"

이럴 경우 흔히들 서로간의 답변은 'I'm doing well', 'Good', 혹은 'Can't complain!'이라고 하면 된다.

You

Hey there! How are you this morning?

안녕하세요. 오늘 아침 어떻게 지내세요?

Neighbor

Hey! I'm doing well, thanks.
How about you?

안녕하세요, 잘 지내죠! 당신은요?

You

Can't complain, enjoying the sunshine.
Did you have a good evening?

너무 좋아요. 날씨도 좋고요. 어제는 잘 보냈어요?

Neighbor

Yes, it was quite relaxing.
Planning anything interesting today?

네, 정말 푹 쉬었죠. 오늘 뭐 재미난 일 있으세요?

You

Just the usual errands.
Hope to finish early and read in the garden.

그냥 일상적 용무만 있어요.
빨리 끝내고 정원에서 책이나 읽을까 해요.

Neighbor

Sounds like a perfect plan. Enjoy your day!

완벽하네요. 좋은 하루 되세요!

You

Thanks, you too. See you around!

고마워요, 당신도요, 또 봐요!

1) Hey there! How are you this morning?
안녕하세요. 오늘 아침 어떻게 지내세요?

> ▶ **How are you this morning?**
>
> 보통 알고 있는 인사말 'How are you?' 뒤에 'today' 혹은 'this morning' 등을 붙여 표현하는 것도 익숙해지자. 특히 'How are you?'는 처음 보는 사이에서도 많이 쓰는 인사표현이다.

2) Hey! I'm doing well, thanks. How about you?
안녕하세요, 잘 지내죠! 당신은요?

3) Can't complain, enjoying the sunshine.
너무 좋아요. 날씨도 좋고요.

> ▶ **Can't complain.**
>
> 원문은 'I can't complain.'이며 해석하면 '나는 불평할 수 없다'라는 의미인데, 그 정도로 엄청 잘 지내고 있다는 의미이다. 'How are you?'로 물어볼 때 많이 사용하는 답변 표현이다.
>
> * sunshine : 햇살

4) Did you have a good evening?
어제는 잘 보냈어요?

5) Yes, it was quite relaxing.
네, 정말 푹 쉬었죠.

6) Planning anything interesting today?

오늘 뭐 재미난 일 있으세요?

> ▶ **Are you planning anything interesting today?**
>
> 앞에 '주어+be'동사'를 생략하고 물어본 문장이다.
> 'Are you planning ~?'이라고 하면 '~할 계획있어?' 정도로 해석한다.
> * plan : 계획하다, 계획을 세우다.

7) Just the usual errands.

그냥 일상적 용무만 있어요.

> * usual : 일상적인
> * errands : 심부름, 용건, 볼 일

8) Hope to finish early and read in the garden.

빨리 끝내고 정원에서 책이나 읽을까 해요.

> ▶ **Hope to**
>
> 원문은 'I hope to ~'이며 '~하는 것을 바라다.'로 해석한다.

9) Sounds like a perfect plan. Enjoy your day!

완벽하네요. 좋은 하루 되세요!

> ▶ **Sounds like a perfect plan.**
>
> 원문은 'It sounds like a perfect plan.'으로 의미는 '완벽한 계획처럼 들린다.'로
> 해석한다. 상대방이 제안할 때는 'Sounds like a plan.'이라고 하면 '좋아요, 그렇
> 게 해요!' 등 동의의 의미도 가진다.

10) Thanks, you too. See you around!

고마워요, 당신도요, 또 봐요!

DAY 28

어제 본 동료에게 먼저 인사하기

"안녕하세요, 오늘 어떠세요?"
"오늘 중요한 미팅인데 준비 좀 하셨어요?"
(어제 본 동료에게 먼저 인사하기 - 1)

이번에는 한 번 인사를 나눈 직장 동료와 간단하게 인사하는 법을 배워보자. 출근을 하게 되면 간단히 인사를 나눈 후, 오늘 해야 할 업무에 대해 간단히 얘기를 나누는 경우가 많다. 인사와 자연스럽게 업무에 대한 이야기까지 대화를 나눠보자.

"안녕하세요, 오늘 어떠세요?"
→ "Good morning! How are you today?"

"오늘 중요한 미팅인데 준비 좀 하셨어요?"
→ "Ready for the big meeting today?"

You

Good morning! How are you today?

안녕하세요. 오늘 어떠세요?

Colleague

Morning! I'm well, thanks. And yourself?

안녕하세요. 좋네요. 당신은요?

You

Doing well, thanks for asking.
Ready for the big meeting today?

저도 좋아요. 신경 써주셔서 감사해요.
오늘 중요한 미팅인데 준비 좀 하셨어요?

Colleague

As ready as I'll ever be.
Have you reviewed the final presentation?

준비되고 말고요. 마지막 프레젠테이션은 좀 검토했어요?

You

Yes, I went over it last night. It looks solid.

그럼요. 어제 밤 훑어봤죠. 정말 확실하던데요.

Colleague

Great to hear.
Let's grab a coffee before we start.

좋네요. 시작 전에 커피나 한잔 합시다.

You

Sounds like a plan.
I could use a caffeine boost.

그렇게 해요. 카페인 좀 섭취해야겠어요.

1) Good morning! How are you today?
안녕하세요. 오늘 어떠세요?

2) Morning! I'm well, thanks. And yourself?
안녕하세요. 좋네요. 당신은요?

> * I am well = I am doing well.
> * yourself : 너 자신

3) Doing well, thanks for asking.
저도 좋아요. 신경 써주셔서 감사해요.

> * Doing well : I am doing well.

4) Ready for the big meeting today?
오늘 중요한 미팅인데 준비 좀 하셨어요?

> * the big meeting : 꽤 중요한 미팅

5) As ready as I'll ever be.
준비되고 말고요.

> ▶ **As ready as I'll ever be.**
> 원문은 'I am as ready as I will ever be'이며 무엇인가 '큰일을 앞두고 완벽하지는 않지만 그래도 용기내서 할 준비가 되어 있다'라는 의미로 해석한다.

6) Have you reviewed the final presentation?
마지막 프레젠테이션은 좀 검토했어요?

* review : 검토하다
* final : 마지막의, 최종의
* presentation : 발표, 프레젠테이션

7) Yes, I went over it last night.
그럼요. 어제 밤에 훑어봤죠.

* go over : 검토하다, 훑어보다
* last night : 어제 밤에

8) It looks solid.
정말 확실하던데요.

> ▶ **It looks solid.**
> 어떤 물리적인 상황에서 견고하고 단단해 보인다는 의미도 있고, 때로는 상황
> 이나 계획 등이 확실하고 믿을 만해 보인다는 의미도 있다.

9) Great to hear. Let's grab a coffee before we start.
좋네요. 시작 전에 커피나 한잔 합시다.

> ▶ **Let's grab a coffee**
> 보통 가벼운 식사나 음료 먹기를 제안할 때 쓰는 표현이다. 'grab'은 '간단히 움
> 켜쥐다'라는 의미로 '가볍게 먹자, 마시자.'라는 의미로 사용된다.
> * great to hear : 어떤 소식이나 뉴스를 듣고 매우 기쁘다

10) Sounds like a plan. I could use a caffeine boost.
그렇게 해요. 카페인 좀 섭취해야겠어요.

> ▶ **I could use a caffeine boost.**
> 보통 회화에서 '카페인이 좀 필요해.', 즉, '커피가 땡겨.'라는 의미로 쓰인다.
> * caffeine : 카페인, 커피
> * boost : 증가

어제 본 동료에게 먼저 인사하기

오늘의 표현

"안녕하세요, 다 잘되어 가요?"
"프로젝트 마감 기한 관련 업데이트된 거 보셨어요?"
[어제 본 동료에게 먼저 인사하기 - 2]

직장 동료와 아침에 인사할 때, 퇴근한 사이에 회사 공지나 업데이트 관련 체크를 했는지 물어볼 경우가 있다. 이에 대해 자연스럽게 인사와 더불어 질문을 해보자.

"안녕하세요, 다 잘되어 가요?"
→ "Morning! How's everything going?"

"프로젝트 마감 기한 관련 업데이트된 거 보셨어요?"
→ "Did you see the update about the project deadline?"

---

* new around here : 여기는 처음입니다. = (I'm) new around here.

You

Morning! How's everything going?

안녕하세요! 다 잘되어 가요?

Colleague

Good morning! Pretty good, just gearing up for the day. You?

안녕하세요! 좋아요! 지금 오늘 일과 준비하고 있어요. 당신은요?

You

Same here, trying to catch up on e-mails. Did you see the update about the project deadline?

저도요. 이메일 확인 좀 하고 있어요.
혹시 프로젝트 마감기한 관련 업데이트된 거 보셨어요?

Colleague

Yes, I saw that.
Looks like we've got a busy week ahead.

네, 어제 봤어요. 이번 주는 정말 바쁘겠던데요.

You

Definitely. Maybe we can brainstorm some ideas during lunch?

그러게나 말이에요. 혹시 이따 점심 때 아이디어나 좀 모을까요?

Colleague

That sounds like a great idea.

좋은 생각이에요.

1) Morning! How's everything going?
안녕하세요! 다 잘되어 가요?

▶ **How's everything going?**

보통 회화에서 상대방에게 'How's everything?' 이라고 물으면 '다 괜찮은가
요?'라는 의미이다. 주로 식당이나 레스토랑에서 종업원이 손님에게 물어보는
경우가 많다. 여기에 'How's everything going?'이라고 하면 '일이나 업무 진행
이 다 잘 되어 가고 있냐?'라고 묻는 의미가 된다. 직장에서 동료에게 인사로 많
이 사용해 보자.

---

2) Good morning!
Pretty good, just gearing up for the day. You?
안녕하세요! 좋아요! 지금 오늘 일과 준비하고 있어요. 당신은요?

▶ **just gearing up for the day.**

보통 회화에서 앞의 '주어+be동사'는 생략을 한다. 원문은 'I am just gearing up
for the day.'이며 '오늘 하루 할 일과나 업무에 대해 준비를 하고 있다.'라는 의
미가 된다.

* gear up : 준비하다, 준비를 갖추다

---

3) Same here, trying to catch up on e-mails.
저도요. 이메일 확인 좀 하고 있어요.

---

* trying to ~ : ~하려고 하다. = I am trying to ~
* catch up on e-mails : 이메일을 확인하다.

---

4) Did you see the update about the project deadline?

혹시 프로젝트 마감기한 관련 업데이트된 거 보셨어요?

> ▶ **Did you see the update about ~ ?**
>
> 업무 관련 물어볼 때 많이 쓰는 표현이다. '~에 관해 업데이트된 거 확인해 보셨
> 어요?'라고 해석한다.
>
> * the project deadline : 프로젝트 마감기한

5) Yes, I saw that.
Looks like we've got a busy week ahead.

네, 어제 봤어요. 이번 주는 정말 바쁘겠던데요.

> * looks like : ~처럼 보이다 = It looks like
> * We've got a busy week : 바쁜 한 주를 가졌다. 한 주 동안 바쁘겠다.
> * ahead : 앞으로

6) Definitely.
Maybe we can brainstorm some ideas during lunch?

그러게나 말이에요. 혹시 이따 점심 때 아이디어나 좀 모을까요?

> *brainstorm : 아이디어를 모으다, 짜내다.

7) That sounds like a great idea.

좋은 생각이에요.

어제 본 동료에게
먼저 인사하기

 **오늘의 표현**

"출근 길 어땠어요?"
"저는 준비 다 끝났어요."
(어제 본 동료에게 먼저 인사하기 - 3)

직장 동료와 아침에 인사할 때 통상적이지만, 출근길 어땠는지 안부 인사를 하는 경우도 있다.
회사 업무 준비에 대해 상대방이 물어볼 경우 준비 다 끝났다는 표현까지 같이 알아두자.

"출근 길 어땠어요?"
→ "How was your commute?"

"저는 준비 다 끝났어요."
→ "I'm all set."

---

* commute : 통근(거리)
* set : 계획된, 정해진, 준비된

You

Hey, good to see you.
How was your commute?
안녕하세요. 반가워요. 출근길 어땠어요?

Colleague

Not bad, thanks. How about yours?
괜찮았어요. 당신은요?

You

Pretty smooth today. Are you ready for the workshop this afternoon?
오늘은 꽤 순조로웠어요. 오늘 오후 워크숍 준비 좀 하셨어요?

Colleague

Almost, just need to finalize my part of the presentation. How about you?
거의요. 제 프레젠테이션 부분만 마무리 하면 되요. 당신은요?

You

I'm all set. If you need any help, just let me know.
저는 다 끝났어요. 혹시 도움 필요하면 알려주세요.

Colleague

Thanks, I appreciate that.
Maybe we can review it together over lunch?
감사해요! 우리 점심 먹으면서 같이 좀 훑어볼까요?

You

That sounds good. Let's do it.
그게 좋겠어요. 그렇게 해요.

1) Hey, good to see you. How was your commute?
안녕하세요! 반가워요. 출근길 어땠어요?

> ▶ **How was your commute?**
>
> 아침에 출근한 동료를 만났을 때 가장 많이 쓰는 표현 중의 하나이다. '출근길 어땠어요?'라는 표현인데 통상적인 인사말이지만, 의미는 교통이나 거리등에 관한 간단한 질문으로 생각하면 된다.

2) Not bad, thanks. How about yours?
괜찮았어요. 당신은요?

> * How about yours? = How about your commute?
> * commute : 통근

3) Pretty smooth today.
오늘은 꽤 순조로웠어요.

> ▶ **Pretty smooth today**
>
> 상대방이 출근길이 어땠는지 간단히 물어보면 대답할 수 있는 표현이다. 'smooth'라는 표현은 교통 상황에 대한 의미로도 사용됨을 알아두자. 꽤 요긴하게 많이 쓰이는 표현이다.
>
> * smooth : 매끄러운, 순조로운

4) Are you ready for the workshop this afternoon?
오늘 오후 워크숍 준비 좀 하셨어요?

> * workshop : 워크숍, 연수회

5) Almost, just need to finalize my part of the presentation. How about you?

거의요. 제 프레젠테이션 부분만 마무리 하면 되요. 당신은요?

*almost : 거의
*finalize : 마무리하다

6) I'm all set. If you need any help, just let me know.

저는 다 끝났어요. 혹시 도움 필요하면 알려주세요.

▶ I'm all set.

보통 회화에서 '준비가 다 되었다.', '관련해서 모두 마무리 끝났다.'라는 의미로 많이 사용되는 표현이다.

7) Thanks, I appreciate that. Maybe we can review it together over lunch?

감사해요! 우리 점심 먹으면서 같이 좀 훑어볼까요?

* review : 검토하다, 훑어보다
* over lunch : 점심 먹으면서

8) That sounds good. Let's do it.

그게 좋겠어요. 그렇게 해요.

▶ Let's do it.

'그렇게 하자.'라는 의미로 상대방의 제안에 흔쾌히 긍정적으로 답변하는 대답이다. 여기서 'it'는 상황에 따라 의미를 두면 된다.

오랜만에 본
지인에게 인사하기

📖 오늘의 표현

"너무 오랜만이네."
"그동안 어떻게 지냈어?"
(오랜만에 본 지인과 인사하기 - 1)

지인이나 친구와 오랜만에 만났을 경우 인사하는 표현도 배워보자. 너무 오랫동안 못 보아서 서로 만나게 된 후 시간이 많이 흘렀다는 표현으로 반가움을 표시해보자.

보통 이런 경우는 대개 동사를 '현재완료형'을 써서 '과거 서로 못 본 시점부터 지금까지'라는 의미를 강조함을 꼭 알아 두자.

"너무 오랜만이네."
→ "It's been too long."

"그동안 어떻게 지냈어?"
→ "How have you been?"

You

Hey, Jordan! I'm happy to see you today.
It's been too long.

안녕, Jordan! 오늘 보게 되서 기쁘다. 너무 오랜만이네.

Jordan

Jenny! It feels like it's been ages since we
last caught up.

Jenny! 우리가 마지막으로 본 이후로 오래된 거 같아.

You

Absolutely. How have you been?

맞아. 그동안 어떻게 지냈어?

Jordan

Pretty good, actually.
Busy, but in a good way. And you?

잘 지냈지. 사실은 좀 바빴는데, 좋은 의미로 말이야. 너는?

You

Same here. I've been looking forward to
our meet-up all week. So, what's new with
you?

나도 그래. 한 주 내내 우리 만나는 거 정말 학수고대했었거든.
그래서, 별일은 없고?

Jordan

Oh, where do I start?
Let me tell you all about it.

음, 어디서부터 시작할까? 다 얘기해줄게.

1) Hey, Jordan! I'm happy to see you today.
안녕, Jordan! 오늘 보게 되서 기쁘다.

2) It's been too long.
너무 오랜만이네.

> ▶ **it's been too long.**
>
> 오랜만에 만난 지인에게 얘기할 때 가장 많이 쓰는 표현중의 하나이다. 'It has been too long'으로 과거에서 지금 만나기 전까지 시간이 너무 오래되었다는 의미이다.

3) Jenny! It feels like it's been ages since we last caught up.
Jenny! 우리가 마지막으로 본 이후로 오래된 거 같아.

> ▶ **it's been ages.**
>
> 시간이 너무 오래되었다는 의미로 많이 쓰는 또 다른 표현이다. 'ages'는 보통 '시간들, 세월들'이라는 의미로 알아두면 된다.
>
> * It feels like : 같이 느끼다.   * last : 마지막으로   * catch up : 만나다

4) Absolutely. How have you been?
맞아. 그동안 어떻게 지냈어?

> ▶ **How have you been?**
>
> 흔히 하는 인사말로 'How are you?'를 쓰는데 동사를 완료형으로 바꾼 형태이다. 오랜만에 만난 지인에게 '그동안 어떻게 지냈어?'라고 표현하는 의미이다.

5) Pretty good, actually.
잘 지냈지.

6) Busy, but in a good way. And you?

사실은 좀 바빴는데, 좋은 의미로 말이야. 너는?

> ▶ **Busy, but in a good way**
>
> 보통 회화에서 앞의 '주어+be동사'는 생략을 한다. 원문은 'I am busy, but in a good way.'이다. 바빴지만 좋은 의미로 바빴다는 뜻이다.
>
> * in a good way : 좋은 의미로

7) Same here. I've been looking forward to our meet-up all week.

나도 그래. 한 주 내내 우리 만나는 거 정말 학수고대했었거든.

> * meet-up : 미팅, 만남
> * all week : 일주일 내내

8) So, what's new with you?

그래서, 별일은 없고?

> ▶ **So, what's new with you?**
>
> 오랜만에 만난 지인과 대화를 할 때 안부를 물어보는 표현으로 '그동안 새로운 소식은 없어?' 의 의미이다. 다시 말해, '별 일 없지?'라고 보면 된다.

9) Oh, where do I start? Let me tell you all about it.

음, 어디서부터 시작할까? 다 얘기해줄게.

> ▶ **Where do I start?**
>
> 대화 도중 '이야기를 어디서부터 시작해야 할까?' 하고 스스로 물어보는 표현이다.

DAY 32

오랜만에 본 지인에게 인사하기

📖 오늘의 표현

"나도 잘 지냈어."
"다음 주 점심 식사 어때?"
(오랜만에 본 지인과 인사하기 - 2)

오랜 기간 서로에 대한 안부를 물을 때 '그동안 잘 지내왔다.'라고 표현하는 법도 간단히 배워보자.

오랜만에 만났으니 후일을 기약하고 약속하는 표현도 배워보자.

"나도 잘 지냈어."
→ "I've been good, too."

"다음 주 점심 식사 어때?"
→ "How about lunch next week?"

---

* How about lunch/dinner + 미래시간?

You

Hey! It feels like ages since we last met.
How's everything going?

와! 우리 마지막으로 만나고 꽤 오래된 거 같아. 어떻게 지냈어?

Friend

Hey! Yeah, it really has been forever.
Things are going well, thankfully. And with you?

그래, 진짜 너무 오래됐다. 잘 지내고 있어. 너는?

You

I've been good, too.

나도 잘 지냈어.

Friend

We should definitely make an effort to meet up.

우리 확실히 만나려고 노력 좀 해야 해.

You

Absolutely, How about lunch next week?

맞아! 다음 주 점심 식사 어때?

Friend

That sounds great.
I'll check up my schedule and get back to you.

좋아. 일정 확인하고 바로 알려줄게.

You

Perfect, can't wait to catch up properly.
Take care until then!

좋아, 빨리 제대로 만나고 싶다. 그때까지 잘 지내!

1) Hey! It feels like ages since we last met.
와! 우리 마지막으로 만난 지 꽤 오래된 거 같아.

> ▶ **It feels like ages since ~**
>
> '~한 이후로 시간이 꽤 흐른 거 같다.' 라는 또 다른 표현이다. 'It feels like ~ = It's been ~' 같이 알아두자.

2) How's everything going?
어떻게 지냈어?

3) Hey! Yeah, it really has been forever.
그래, 진짜 너무 오래됐다.

> ▶ **It really has been forever.**
>
> 우리가 흔히 너무 오래되었다는 것을 강조하기 위해 '~한 지 백만 년이 된 거 같다.'라는 표현을 쓰듯이 영어에서도 'forever'라는 단어를 이용해서 조금은 과장하는 표현이다.

4) Things are going well, thankfully. And with you?
잘 지내고 있어. 너는?

5) I've been good, too.
나도 잘 지냈어.

> ▶ **I've been good.**
>
> 현재형으로 보면 'I am good.'이다. 과거 못 본 순간부터 지금까지라는 표현으로 동사를 현재완료형으로 표현했다. 'I've been good.' 즉, 그동안 잘 좋았다, 잘 지냈다 라는 의미로 보면 된다.

6) We should definitely make an effort to meet up.

우리 확실히 만나려고 노력 좀 해야 해.

> ▶ make an effort to ~
>
> '~하도록 노력하다.'라는 숙어로 알아두자.

7) Absolutely, How about lunch next week?

맞아! 다음 주 점심 식사 어때?

8) That sounds great. I'll check up my schedule and get back to you.

좋아. 일정 확인하고 바로 알려줄게.

> * check up : 확인하다, 체크하다
> * schedule : 스케줄, 일정
> * get back to : ~결과 보고를 하다, 알려주다.

9) Perfect, can't wait to catch up properly. Take care until then!

좋아, 빨리 제대로 만나고 싶다. 그때까지 잘 지내!

> ▶ can't wait to ~
>
> 원래는 'I can't wait to ~' 문장이며, 간단히 '빨리 ~하고 싶다.'라는 의미로 해석하면 된다.
>
> * properly : 제대로

DAY
33

오랜만에 본 지인에게 인사하기

 오늘의 표현

Daily Check. | | |

"이게 누구야!"
"언제 커피 마실 시간 있어?"
(오랜만에 본 지인과 인사하기 - 3)

우연히 길이나 어떤 장소에서 지인을 만났을 때 반가움의 표시로 가장 많이 쓰는 표현을 알아두자.

우연히 만났을 경우도 그냥 헤어지면 아쉬우니, 후일 서로 시간 내서 만날 것을 제안하는 또 다른 표현도 배워보자.

"이게 누구야!"
→ "Look who's here!"

"조만간 언제 커피 마실 시간 있어?"
→ "Do you have time for a coffee soon?"

You

Wow, look who's here! it's been such a long time! How have you been?

와, 이게 누구야! 진짜 시간 많이 흘렀네. 어떻게 지냈어?

Friend

I know, right? All good on my end, thanks. Life's been pretty busy. How about you?

그러게 말이야. 나는 잘 지냈지. 사는 게 바쁘더라고. 너는?

You

Same here, just keeping up with everything. It's really great to see you again.

나도 그래. 다 잘하고 있지 뭐. 다시 보게 돼서 너무 기쁘다 진짜.

Friend

Absolutely, we should catch up more often. Do you have time for a coffee soon?

그래. 우리 자주 만나야 하는데. 조만간 언제 커피 마실 시간 있어?

You

I'd love that. I'll text you.

좋아. 내가 문자할게.

Friend

Perfect, looking forward to it. See you soon!

좋아. 기다릴게. 곧 만나!

1) Wow, look who's here!

와, 이게 누구야!

> ▶ **look who's here!**
>
> 정말 우연히 지인을 만났을 때 하는 표현이다. 해석은 '누가 여기 있는 지 봐!'라
> 는 의미인데 혼잣말로 하는 표현이라고 생각하면 된다. 간단히 '이게 누구야!'라
> 고 해석한다.

2) it's been such a long time!

진짜 시간 많이 흘렀네.

3) How have you been?

어떻게 지냈어?

4) I know, right? All good on my end, thanks.

그러게 말이야. 나는 잘 지냈지.

> ▶ **All good on my end.**
>
> 'on my end'라는 표현은 '내가 있는 곳에서, 내 입장에서, 내 쪽에서'라는 의미
> 로 많이 사용된다. 'All good on my end'는 '내 쪽에서는 좋았다, 잘 지냈다.'라
> 는 의미로 알아두면 된다.

5) Life's been pretty busy. How about you?

사는 게 바쁘더라고. 너는?

6) Same here, just keeping up with everything.

나도 그래. 다 잘하고 있지 뭐.

> ▶ **just keeping up with everything.**
>
> 보통 회화에서 앞의 '주어+be동사'는 생략을 한다. 원문은 'I was just keeping up with everything.'이다. 여기서 'keep up with + 명사'는 '~를 잘하고 있다, 뒤처지지 않고 유지하고 있다.'라는 의미로 많이 쓰는 패턴이니 꼭 기억하자.

7) It's really great to see you again.

다시 보게 돼서 너무 기쁘다 진짜.

8) Absolutely, we should catch up more often.

그래. 우리 자주 만나야 하는데.

9) Do you have time for a coffee soon?

조만간 언제 커피 마실 시간 있어?

> ▶ **Do you have time for ~**
>
> 보통 상대방에게 시간 있냐고 물어볼 때 우리가 많이 혼동되는 표현이다.
> - Do you have time for ~ : ~할 시간 있어요?
> - Do you have the time? : 몇 시인가요?

10) I'd love that. I'll text you.

좋아. 내가 문자할게.

> ▶ **I'll text you.**
>
> 간단히 상대방에게 '문자할게.'라는 표현이다. 그냥 외울 것.
> * text : 문자하다

11) Perfect, looking forward to it. See you soon!

좋아. 기다릴게. 곧 만나!

DAY
34

헤어질 때
인사하기

 오늘의 표현

"만나서 반가웠어."
"다음에는 커피 한잔 할까?"
(친구와 헤어질 때 인사하기)

보통 친구와 헤어질 때는
1. 우선 오늘 만남에 대해 긍정적인 표현을 하고,
2. 다음에 다시 만날 것을 약속하는 순서로 알아두자.

오늘 만나서 좋았고, 다음에는 딱딱한 장소 말고 조금 편하게 커피 마시면서
대화를 나누자는 표현을 순서대로 해보자.

"만나서 반가웠어."
→ "It was nice meeting you."

"다음에는 커피 한잔 할까?"
→ "Maybe next time we can grab a coffee?"

You

This conversation has been really interesting. It was nice meeting you.

오늘 대화 정말 재미있었어. 만나서 반가웠어.

Friend

I feel the same, it was really nice meeting you too.

나도 그래. 정말 만나서 즐거웠어.

You

Maybe next time we can grab a coffee?

다음에는 커피 한잔 할까?

Friend

I'd love that. Let's exchange numbers.

너무 좋아. 우리 번호 교환하자.

You

Sounds good. Here's my number.

좋아. 여기 내 번호야.

Friend

Got it, and here's mine.

그래, 이건 내 번호.

You

Take care and see you soon!

잘 지내고 곧 보자!

Friend

Bye for now, take care!

잘 가. 수고해!

1) This conversation has been really interesting.
오늘 대화 정말 재미있었어.

2) It was nice meeting you.
만나서 반가웠어.

> ▶ **It was nice meeting you.**
>
> It is nice to meet you. : 만나서 반갑습니다. (현재)
> It was nice meeting you. : 만나서 반가웠습니다. (과거)

3) I feel the same,
나도 그래.

> ▶ **I feel the same.**
>
> 상대방의 말에 긍정적인 답변으로 'Same here, Likewise' 등과 같이 쓸 수 있다.

4) it was really nice meeting you too.
정말 만나서 즐거웠어.

5) Maybe next time we can grab a coffee?
다음에는 커피 한잔 할까?

> * maybe : 어쩌면
> * next time : 다음에
> * grab a coffee : 간단히 커피 마시다.

6) I'd love that. Let's exchange numbers
너무 좋아. 우리 번호 교환하자.

> * exchange : 맞교환하다, 서로 바꾸다

7) Sounds good. Here's my number.
좋아. 여기 내 번호야.

> ▶ **Sounds good.**
>
> It sounds 'good, nice, great' 등을 쓸 수 있다. 상대방의 제안에 동의하는 표현이다.

8) Got it, and here's mine.
그래, 이건 내 번호.

> ▶ **Got it.**
>
> 원문은 'I got it' 즉, '전화번호 받았다.'라는 의미이다.

9) Take care and see you soon!
잘 지내고 곧 보자!

10) Bye for now, take care!
잘 가. 수고해!

> ▶ **Bye for now.**
>
> 원래 의미는 '지금 당장은 안녕.'이라는 의미로, 다시 만날 수 있음을 암시하는 아쉬운 작별 인사이다. 'Bye now'라고 하면, 다시 만날 기약 없이 그냥 '안녕.'이라고 하는 표현임을 알아두자.

DAY 35 헤어질 때 인사하기

📖 오늘의 표현

"오늘 대화 할 수 있어서 너무 좋았습니다."
"혹시 우리 연락처를 교환할 수 있을까요?"
[거래처 직원과 헤어질 때 인사하기]

거래처 직원과 헤어질 때는
1. 우선 오늘 만남에 대해 긍정적인 표현을 정중히 하고,
2. 다음을 위해 서로간의 연락처를 정중히 묻는다.

오늘 미팅이 유익했고, 바로 약속잡기를 제안하기 보다는 우선 상대방의 연락처를 정중히 물어봐서 여지를 남기는 것이 순서이다.

"오늘 대화 할 수 있어서 너무 좋았습니다."
→ "I'm really glad we had the chance to talk today."

"혹시 우리 연락처를 교환할 수 있을까요?"
→ "Do you think we could exchange contact information?"

You

I'm really glad we had the chance to talk today.
It was nice meeting you.

오늘 대화할 수 있어서 너무 좋았습니다. 만나서 반가웠습니다.

Acquaintance

Yes, I completely agree.
It was a pleasure to meet you too.

네, 저도요. 만나서 너무 기뻤어요.

You

Do you think we could exchange contact information?

혹시 우리 연락처를 교환할 수 있을까요?

Acquaintance

Of course, Here's my number.

물론이죠, 저도 좋습니다. 여기 제 번호입니다.

You

Thanks, I'll send you a message so you have mine as well. Hopefully, we can meet up again soon.

고맙습니다. 저도 제 번호 저장하실 수 있도록 메시지를 보낼게요.
곧 만날 수 있기를 바랍니다.

Acquaintance

Looking forward to it.
Have a great day ahead!

기다리겠습니다. 좋은 하루 되세요!

You

You too, take care!

좋은 하루 보내십시오. 잘 지내십시오!

1) I'm really glad we had the chance to talk today.
오늘 대화할 수 있어서 너무 좋았습니다.

> * have the chance to ~ : 할 기회를 얻다.

2) It was nice meeting you.
만나서 반가웠습니다.

3) Yes, I completely agree.
네, 저도요.

> * completely : 전적으로

4) It was a pleasure to meet you too.
만나서 너무 기뻤어요.

5) Do you think we could exchange contact information?
혹시 우리 연락처를 교환할 수 있을까요?

> ▶ **Do you think ~ ?**
> 꼭 '~라고 생각하세요?'라고 해석하지 말고 '~할 수 있을까요?' 혹은 '~해도 괜찮
> 을까요?'처럼 상대방에게 정중히 물어보는 의미로 해석한다.

6) Of course, Here's my number.
물론이죠, 저도 좋습니다. 여기 제 번호입니다.

7) Thanks, I'll send you a message so you have mine as well.
고맙습니다. 저도 제 번호 저장하실 수 있도록 메시지를 보낼게요.

* send you a message : 문자를 보내다
* so you have mine ; 당신이 제 번호를 저장할 수 있도록
* as well : 또한, 역시

8) Hopefully, we can meet up again soon.
곧 만날 수 있기를 바랍니다.

* Hopefully : 바라건대

9) Looking forward to it. Have a great day ahead!
기다리겠습니다. 좋은 하루 되세요!

* ahead : 앞으로, 앞에

10) You too, take care!
좋은 하루 보내십시오. 잘 지내십시오!

PART 2.

Small Talk

함께
시간을 보내며
대화해보자!

DAY 36

캐주얼한 만남 약속하기

 오늘의 표현

"이번 주 토요일 오후 시간 돼?"
"시내에 새로 생긴 커피숍 가서 커피 한잔 할래?"
(캐주얼한 만남 약속하기 - 1)

이제 친구를 사귀었으니 캐주얼한 만남을 약속해보자.

시내에 새로 생긴 커피숍을 한번 같이 가자고 친구에게 표현해보자.

1. 우선 시간이 있는지 확인해보고
2. 목적을 정해 데이트를 제안해보자.

"이번 주 토요일 오후 시간 돼?"
→ "Are you free this Saturday afternoon?"

"시내에 새로 생긴 커피숍 가서 커피 한잔 할래?"
→ "I think we could check out the new coffee shop downtown and catch up."

You

Hey, Sarah!
Are you free this Saturday afternoon?

안녕, Sarah! 이번 주 토요일 오후 시간 돼?

Sarah

Hi, Jack! Yeah, I don't have any plans.

안녕, Jack! 약속 잡은 거 없어.

You

Great! I think we could check out the new coffee shop downtown and catch up.

좋아. 시내에 새로 생긴 커피숍 가서 커피 한잔 할래?

Sarah

That sounds lovely!
What time should we meet?

좋은데! 몇 시에 만날까?

You

How about 2:00 p.m.?
Does that work for you?

오후 2시 어때? 괜찮아?

Sarah

Perfect! I'll see you there, Jack.

좋아! 거기서 보자, Jack.

1) Hey, Sarah! Are you free this Saturday afternoon?
안녕, Sarah! 이번 주 토요일 오후 시간 돼?

> ▶ **Are you free ~ ?**
>
> '너 자유니?' 라고 해석하지 말고, 항상 '너 언제 시간 되니?'라고 해석하자.
> 같은 의미로 'Do you have time for~'을 쓰기도 한다.

2) Hi, Jack! Yeah, I don't have any plans.
안녕, Jack! 약속 잡은 거 없어.

> ▶ **I don't have any plans.**
>
> 보통 회화에서 별다른 개인적인 약속이 없다고 할 때 쓰는 표현이다. 반드시 친
> 구간 혹은 개인적인 약속일 경우 'plans'라고 표현함을 잊지 말자.
> * a plan : 아이디어, 떠오른 생각

3) Great! I think we could check out the new coffee shop downtown and catch up.
좋아. 시내에 새로 생긴 커피숍 가서 커피 한잔 할래?

> ▶ **we could check out**
>
> 일반적으로 'check out'은 '확인하다'라는 의미지만, 'check out + new + 장소'
> 가 오면 해석을 조금 다르게 하자. '새로 생긴 식당이나 카페 등을 확인하다.' 라
> 는 의미인데, 엄밀히 말하면, '새로 생겼으니 얼마나 좋은지 가보자.'라는 의미로
> 알아두면 된다.
> * could : ~할 수 있을 것이다.
> * catch up over coffee : 가볍게 커피나 한 잔 하다.

4) That sounds lovely! What time should we meet?
좋은데! 몇 시에 만날까?

5) How about 2:00 p.m.?
오후 2시 어때?

6) Does that work for you?
괜찮아?

> ▶ **Does that work for you?**
>
> 보통 회화에서 'work' 단어는 다양한 의미로 사용된다. 여기서는 '효력이 있다,
> 작용하다' 의미에 가깝다.
> - Does + 주어 + work + for you? : 너에게 '주어' 괜찮아?
> - Does Friday work for you? : 금요일날 괜찮아?
> - Does 3PM work for you? : 오후 3시 괜찮아?
> - Does that work for you? : 그거 괜찮아?
> 상대방에게 제안하고 난 후 많이 물어보는 표현이니 꼭 알아 두자.

7) Perfect! I'll see you there, Jack.
좋아! 거기서 보자, Jack.

DAY
37

캐주얼한 만남
약속하기

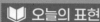
> **"금요일 오후에 약속 있어?"**
> **"새로 나온 영화 보러 갈까 생각 중이거든."**
> (캐주얼한 만남 약속하기 - 2)

이제 친구를 사귀었으니 캐주얼한 만남을 약속해보자.

시간 되면 금요일 오후에 영화 보러 가자고 친구에게 표현해보자.

1. 우선 시간이 있는지 확인해보고
2. 목적을 정해 데이트를 제안해보자.

"금요일 오후에 약속 있어?"
→ "Do you have any plans for Friday evening?"

"새로 나온 영화 보러 갈까 생각 중이거든."
→ "I was thinking we could go see the new movie."

You

Hey, Lisa!
Do you have any plans for Friday evening?

안녕, Lisa! 금요일 오후에 약속 있어?

Lisa

Hi, Tom! Not really, why?

안녕, Tom! 아직까지는 없어. 왜?

You

I was thinking we could go see the new movie everyone's been talking about.

다들 말하던 새로 나온 영화 보러 갈까 생각 중이었거든.

Lisa

Oh, sounds like fun!
What time does it start?

오, 재미있겠는데! 몇 시에 시작하는데?

You

The showtimes are at 7:00 p.m. and 9:30 p.m.
Which one works better for you?

상영 시간이 오후 7시하고 9시 30분이야. 어떤 시간이 더 좋아?

Lisa

Let's go for the 7:00 p.m. one.
I'll meet you at the theater.

7시 거 보자. 극장에서 보자.

You

Great! See you there, Lisa.

좋아! 극장에서 봐! Lisa.

1) Hey, Lisa! Do you have any plans for Friday evening?
안녕, Lisa! 금요일 오후에 약속 있어?

> ▶ **Do you have any plans for + 시간**
>
> 특정한 날에 이미 약속이 있는지 상대방에게 물어볼 때 흔히 쓸 수 있는 표현이
> 다. 'for' 뒤에는 반드시 시간이 온다는 것도 알아두자.

2) Hi, Tom! Not really, why?
안녕, Tom! 아직까지는 없어. 왜?

> ▶ **Not really**
>
> 보통 회화에서 완전 부정이 아닌, 약간의 여지가 있는 표현으로 많이 사용한다.
> 'Not really' 하면 완전히 '없어'라고 의미하기 보다는 '아직까지는 확실한 것은
> 없다.'라는 의미로 알아두자.

3) I was thinking we could go see the new movie everyone's been talking about.
다들 말하던 새로 나온 영화 보러 갈까 생각 중이었거든.

> ▶ **I was thinking we could**
>
> 의미는 '우리가 ~할 수 있을 거 같다고 이미 생각하고 있는 중이다.'라는 의미이다.
> * go see : 보러 가다. = go (to) see

4) Oh, sounds like fun! What time does it start?
오, 재미있겠는데! 몇 시에 시작하는데?

5) The showtimes are at 7:00 p.m. and 9:30 p.m.

상영 시간이 오후 7시하고 9시 30분이야.

> * showtime : 상영 시간

6) Which one works better for you?

어떤 시간이 더 좋아?

> ▶ **Which one works better for you?**
>
> 원문은 'Which showtime works better for you?' 즉, '어떤 상영 시간이 너에게 더 낫게 작용하니? = 어떤 시간이 더 좋아?'라는 의미이다.
>
> * better : 더 좋은, 훨씬 나은

7) Let's go for the 7:00 p.m. one. I'll meet you at the theater.

7시 거 보자. 극장에서 보자.

> ▶ **Let's go for the 7:00 p.m. one.**
>
> 보통 회화에서 '~하러 가자'라고 할 때 쓰는 표현이다.
> - Let's go for a drive : 드라이브하러 가자
> - Let's go for the 7:00 p.m. one. (showtime) : 오후 7시 상영하는 영화 보러 가자.
>
> * p.m. : 오후 = post meridiem

8) Great! See you there, Lisa.

좋아! 극장에서 봐! Lisa.

캐주얼한 만남
약속하기

 오늘의 표현

"이번 주말에 혹시 나랑 시간 보낼 수 있을지 궁금해서."
"공원에서 하이킹할까 했거든."
(캐주얼한 만남 약속하기 - 3)

이제 친구를 사귀었으니 캐주얼한 만남을 약속해보자.

이번 주 주말에 놀러가자고 친구에게 표현해보자.

1. 우선 시간이 있는지 확인해보고
2. 목적을 정해 데이트를 제안해보자.

"이번 주말에 혹시 나랑 시간 보낼 수 있을지 궁금해서."
→ "I was wondering if you'd like to hang out this weekend."

"공원에서 하이킹할까 했거든."
→ "I thought we could go for a hike in the park."

You

Hey, Emma! I was wondering if you'd like to hang out this weekend.

안녕, Emma! 이번 주말에 나랑 시간 보낼 수 있을지 궁금해서.

Emma

Hi, Jeff! That sounds like fun. What did you have in mind?

안녕, Jeff! 재미있겠는데. 뭐 생각해둔 거 있어?

You

I thought we could go for a hike in the park and maybe grab some ice cream afterward.

공원에서 하이킹 좀 하고 그 후에 아이스크림이나 좀 먹을까 생각했거든.

Emma

That sounds perfect! I'm totally in.
What time should we meet?

좋은데! 무조건 갈래. 몇 시에 볼까?

You

How about 10 o'clock on Saturday morning at the park entrance?

공원 입구에서 토요일 아침 10시 어때?

Emma

Sounds good to me! See you then, Jeff.

좋아! 그때 보자, Jeff

1) Hey, Emma! I was wondering if you'd like to hang out this weekend.

안녕, Emma! 이번 주말에 혹시 나랑 시간 보낼 수 있을지 궁금해서.

> ▶ **I was wondering if ~**
>
> 보통 회화에서 상대방에게 묻거나 제안 할 때 사용하는 공손한 표현으로 '혹시
> ~할지 몰라서요.' 라는 의미이다. 여기서 'wonder'는 '궁금하다', '~일지 모르겠
> 다.' 의미로 해석한다.
>
> * hang out : ~하면서 많은 시간을 보내다

2) Hi, Jeff! That sounds like fun.

안녕, Jeff! 재미있겠는데.

3) What did you have in mind?

뭐 생각해둔 거 있어?

> ▶ **What did you have in mind?**
>
> 보통 회화에서 'have in mind'는 상당히 많이 쓰는 표현이다. 그대로 해석하면
> '마음속에 ~를 가지고 있다,'의 의미인데, 다시 말해서 '~를 염두에 두고 있다, ~
> 를 계획하고 있다.'의 의미로 해석한다.

4) I thought we could go for a hike in the park and maybe grab some ice cream afterward.

공원에서 하이킹 좀 하고 그 후에 아이스크림이나 좀 먹을까 생각했거든.

> * go for a hike ; hike 하러 가다.
> * grab some ice cream ; 가볍게 아이스크림이나 먹다.
> * afterward : 후에, 나중에

5) That sounds perfect! I'm totally in.

좋은데! 무조건 갈래.

> ▶ **I am totally in**
>
> 보통 회화에서 'I'm in'이라고 하면 어떤 게임이나 그룹에 '나도 끼겠다.'라는 표현이다. "나 무조건 낄래."라고 해석한다.
>
> * totally : 완전히, 전적으로

6) What time should we meet?

몇 시에 볼까?

7) How about 10 o'clock on Saturday morning at the park entrance?

공원 입구에서 토요일 아침 10시 어때?

> *the park entrance : 공원 입구

8) Sounds good to me! See you then, Jeff.

좋아! 그때 보자, Jeff

DAY
39

캐주얼한 만남
약속하기

 오늘의 표현

> "우리 조만간 만나면 좋겠다고 생각 중이었거든."
> "다음 주 토요일 날 점심 간단히 먹는 거 어때?"
> [캐주얼한 만남 약속하기 - 4]

이제 친구를 사귀었으니 캐주얼한 만남을 약속해보자.

다음 주 토요일 날 점심 같이 먹자고 친구에게 표현해보자.

1. 우선 시간이 있는지 확인해보고
2. 목적을 정해 데이트를 제안해보자.

"우리 조만간 만나면 좋겠다고 생각 중이었거든."
→ "I was thinking we should catch up sometime."

"다음 주 토요일 날 점심 간단히 먹는 거 어때?"
→ "How about grabbing lunch next Saturday?"

You

Hey, Mark! Long time no see.
How have you been?

안녕, Mark! 오랜만이다. 어떻게 지냈어?

Mark

Hi, Sarah! I've been good, thanks.
How about you?

안녕, Sarah! 잘 지냈지, 너는?

You

I'm doing well, thanks. Hey, I was thinking
we should catch up sometime. How about
grabbing lunch next Saturday?

나도 잘 지냈어. 야, 우리 조만간 만나면 좋겠다고 생각 중이었거든.
다음 주 토요일 날 점심 간단히 먹는 거 어때?

Mark

That sounds great!
Where do you want to go?

좋은데! 어디로 가려고?

You

How about the new burger place downtown?

시내에 있는 새로 생긴 햄버거 가게 어때?

Mark

Perfect! Let's meet there at noon then.

좋아! 그날 거기서 오후 12시에 만나자

You

Awesome! I'll see you there.

좋아! 거기서 봐.

1) Hey, Mark! Long time no see.
안녕, Mark! 오랜만이다.

> ▶ **Long time no see**
>
> 매우 오랜만에 지인을 만났을 때 가장 많이 쓰는 표현 중의 하나이다. "진짜 오
> 랜만이다."라고 해석하면 된다.

2) How have you been?
어떻게 지냈어?

3) Hi, Sarah! I've been good, thanks. How about you?
안녕, Sarah! 잘 지냈지, 너는?

4) I'm doing well, thanks.
나도 잘 지냈어.

5) Hey, I was thinking we should catch up sometime.
야, 우리 조만간 만나면 좋겠다고 생각 중이었거든.

> ▶ **I was thinking we should catch up sometime**
>
> 'I was thinking'은 과거진행형으로 '생각 중이었다.'의 의미이다.
> '우리 조만간 만나면 좋겠다고 생각 중이었다.'라고 해석하면 된다.

6) How about grabbing lunch next Saturday?

다음 주 토요일 날 점심 간단히 먹는 거 어때?

* grab lunch : 간단히 점심 먹다.

7) That sounds great! Where do you want to go?

좋은데! 어디로 가려고?

8) How about the new burger place downtown?

시내에 있는 새로 생긴 햄버거 가게 어때?

* burger place : 버거 가게
* downtown : 시내 (부사)

9) Perfect! Let's meet there at noon then.

좋아! 그날 거기서 오후 12시에 만나자.

* then : 그때

10) Awesome! I'll see you there.

좋아! 거기서 봐.

* awesome : 어마어마한, 엄청난

DAY 40

캐주얼한 만남 약속하기

"오늘 저녁 먹으러 새로 생긴 한식당 가볼래?"
(캐주얼한 만남 약속하기 - 5)

이제 친구를 사귀었으니 캐주얼한 만남을 약속해보자.

친해진 친구에게 오늘 밤 한식당을 같이 가보자고 표현해보자.

1. 우선 시간이 있는지 확인해보고
2. 목적을 정해 데이트를 제안해보자.

"오늘 저녁 먹으러 새로 생긴 한식당 가볼래?"
→ "Do you want to try out the new Korean restaurant for dinner tonight?"

You

Hey, Jordan! Do you want to try out the new Korean restaurant for dinner tonight?

안녕, Jordan! 오늘 저녁 먹으러 새로 생긴 한식당 가볼래?

Jordan

Hi, Joey! Yeah, that sounds great.
What time should we meet?

안녕, Joey! 좋은데, 우리 몇 시에 볼까?

You

How about we meet there at 7:00 p.m.?

오후 7시에 거기에서 만나는 거 어때?

Jordan

Perfect! I've been craving Korean food.
See you there at 7:00 p.m., Joey.

좋아! 한국 음식 엄청 당겼거든. 오후 7시에 거기서 보자, Joey.

You

Sounds good! I'll see you there, Jordan.

좋아! 거기서 보자, Jordan.

1) Hey, Jordan! Do you want to try out the new Korean restaurant for dinner tonight?

안녕, Jordan! 오늘 저녁 먹으러 새로 생긴 한식당 가볼래?

> ▶ **Do you want to try out + 식당**
>
> 보통 회화에서 'try out'은 '시도하다'의 의미도 있지만 '맛보다, 먹어보다'의 의미로도 많이 사용한다. 특히 'try out' 뒤에 식당이 나오면 '안 가봤거나 먹어보지 않은 생소한 특정 식당의 음식을 먹으러 가보다'라는 의미가 있다.

2) Hi, Joey! Yeah, that sounds great. What time should we meet?

안녕, Joey! 좋은데, 우리 몇 시에 볼까?

3) How about we meet there at 7:00 p.m.?

오후 7시에 거기에서 만나는 거 어때?

> ▶ **How about we meet there at 7:00 p.m.?**
>
> 상대방에게 제안을 할 때 보통 'How about ~?', 'What about ~?'을 많이 쓰는데, 꼭 뒤에 명사만 쓰는 것은 아니다. 경우에 따라서 문장이 오기도 한다.
> 'How about + 문장 ?' = How about we meet there at 7:00 p.m.?

4) Perfect! I've been craving Korean food.

좋아! 한국 음식 엄청 당겼거든.

> ▶ **I have been craving Korean food.**
>
> 'crave' 동사의 의미는 '갈망하다, 청하다, (특정 음식이) 당기다. 먹고 싶다.' 등의
> 다양한 의미를 가지고 있다. 가끔 뒤에 'for'를 두어야 하는지 혼동하는 경우가
> 있는데 'crave'를 명사형으로 써서 'a craving for'이라고 표현하기도 한다.
> crave something sweet : 단 것이 당긴다.
> have a craving for something sweet : 단 것이 당긴다.
> 여기서는 'I have been craving Korean food.'라고 했으므로 '나는 지금까지 계
> 속 한국 음식이 먹고 싶었다.'라고 해석해주면 된다. 일반 회화에서도 많이 쓰니
> 꼭 기억해두자.

5) See you there at 7:00 p.m., Joey.

오후 7시에 거기서 보자, Joey.

6) Sounds good! I'll see you there, Jordan.

좋아! 거기서 보자, Jordan.

캐주얼한 만남 약속하기

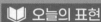 오늘의 표현

> "(직접 요리한) 한국 음식 같이 먹고 싶은데."
> "이번 주말 저녁에 우리 집으로 올 수 있어?"
> (캐주얼한 만남 약속하기 - 6)

이제 친구를 사귀었으니 캐주얼한 만남을 약속해보자.

마지막으로 친해진 외국인 친구를 오늘 밤 자기 집에 한번 초대해보자.

1. 우선 집에 초대하고 싶은 이유를 얘기하고
2. 음식을 만들어 집으로 초대해보자.

"(직접 요리한) 한국 음식 같이 먹고 싶은데."
→ "I want to share some Korean dishes."

"이번 주말 저녁에 우리 집으로 올 수 있어?"
→ "How about coming over for dinner this weekend?"

You

Hey, Taylor! I want to share some Korean dishes I've learned to make. How about coming over for dinner this weekend?

안녕, Taylor! 나 그동안 요리하는 거 배워서 만든 한국 음식 같이 먹고 싶은데 이번 주말 저녁에 우리 집으로 올 수 있어?

Taylor

Hi, Jee! That sounds fantastic. I'd love to. What day are you thinking?

안녕, Jee! 멋진데. 너무 좋아. 무슨 요일로 생각하는데?

You

How does Sunday evening sound? Around 6:00 p.m.?

일요일 오후 어때? 대략 오후 6시쯤?

Taylor

Sunday at 6:00 p.m. works great for me. Thanks so much for inviting me, Jee. Can't wait to try your cooking!

일요일 오후 6시 괜찮아. 초대해줘서 고마워. Jee. 네 요리 빨리 먹어 보고 싶어!

1) Hey, Taylor! I want to share some Korean dishes I've learned to make.

안녕, Taylor! 나 그동안 요리하는 거 배워서 만든 한국 음식 같이 먹고 싶은데

> ▶ **I want to share**
>
> 보통 회화에서 'share'은 '같이 나누어 먹다.'라는 의미로 사용된다.
>
> ▶ **I have learned to make**
>
> 여기서 'make'는 뒤에 'make Korean dishes'를 의미한다. 'I have learned' 라고 현재완료형을 써 준 이유는 '지금까지 배워왔다'는 의미이다. 그래서 'I have learned to make ~' = '~를 만드는 것을 배워왔다.' 고 해석하면 된다.

2) How about coming over for dinner this weekend?

이번 주말 저녁에 우리 집으로 올 수 있어?

> ▶ **How about coming over for ~?**
>
> 보통 회화에서 'come over'은 말하는 사람 입장에서 '화자가 있는 곳으로 와라' 라는 의미이다. 'How about coming over for ~?' = '~를 위해서 오는 게 어때?' 라고 해석한다.

3) Hi, Jee! That sounds fantastic. I'd love to.

안녕, Jee! 멋진데. 너무 좋아.

> * fantastic : 환상적인, 훌륭한

4) What day are you thinking?

무슨 요일로 생각하는데?

5) How does Sunday evening sound?
일요일 오후 어때?

> ▶ **How does Sunday evening sound?**
>
> 보통 회화에서 'sound' 단어는 '~하게 들리다.'라는 의미로 사용된다.
> - How does + 주어 + sound? : '주어'가 어떻게 들려? = '주어' 어떤 거 같아?
> - How does Friday sound? : 금요일 날 어떤 거 같아?
> - How does 3PM sound? : 오후 3시 어떤 거 같아?
> - How does Sunday evening sound? : 일요일 오후 어떤 거 같아?
> 상대방에게 제안할 때 많이 쓰는 표현이니 알아두자.

6) Around 6:00 p.m.?
대략 오후 6시쯤?

7) Sunday at 6:00 p.m. works great for me. Thanks so much for inviting me, Jee.
일요일 오후 6시 괜찮아. 초대해줘서 고마워. Jee.

> ▶ **Sunday at 6:00 p.m. works great for me.**
>
> Sunday at 6:00 p.m. works great for me.
>   주어   동사
>
> 주어가 내게 대단하게 작용한다, 즉 '일요일 오후 6시가 내게는 너무 좋다.'라고 해석한다.

8) Can't wait to try your cooking!
네 요리 빨리 먹어보고 싶어!

파티 초대하기

📖 오늘의 표현

> "이번 주 금요일에 핼러윈 파티를 하려고 해."
> "너 올래?"
> "핼러윈 분장은 해야 해."
> (핼러윈 파티 초대하기)

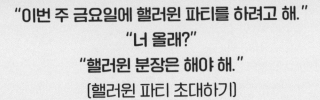

외국인 친구와 밖에서 함께 따로 시간도 갖고 많이 친해졌으면 이번에는 특별한 날 초대를 한번 해보자.
외국인 친구를 초대하기 쉬운 가장 좋은 파티는 핼러윈 파티이다. 같이 핼러윈 문화를 공유하면서 즐겨보자.

1. 우선 언제 핼러윈 파티를 할지 얘기하고
2. 친구가 올 수 있는지 물은 뒤 초대 의사를 밝히자.
3. 드레스 코드가 어떤지에 대해서도 설명하자.

"이번 주 금요일에 핼러윈 파티를 하려고 해."
→ "I'm hosting a Halloween party this Friday."

"너도 올래?"
→ "Would you like to come?"

"핼러윈 분장은 해야 해."
→ "Costumes are encouraged."

You

Hey, Emma! I'm hosting a Halloween party this Friday. Would you like to come?

안녕, Emma! 이번 주 금요일에 핼러윈 파티를 하려고 해. 너도 올래?

Emma

Hi, Liam! That sounds like a blast. I'd love to come! What time does it start?

안녕, Liam! 신나겠다. 가고 싶어! 몇 시에 시작해?

You

Awesome! It starts at 7:00 p.m. at my place. Costumes are encouraged, of course!

잘 됐다. 우리 집에서 오후 7시에 시작할 거야.
물론 핼러윈 분장은 해야 하고.

Emma

Count me in! I'll be there, Liam. Thanks for inviting me.

나도 껴줘! 너희 집으로 갈게. Liam, 초대해줘서 고마워.

1) Hey, Emma! I'm hosting a Halloween party this Friday.
안녕, Emma! 이번 주 금요일에 핼러윈 파티를 하려고 해.

▶ **I'm hosting**

회화에서 보통 '현재진행형'은 단순한 '진행'의 의미뿐만 아니라, 앞으로 일어날 일에 대한 예정의 의미도 가지고 있다. 따라서 이런 경우는 '내가 주최하고 있다'가 아니라 '내가 주최하려고 한다.'라고 해석한다.

* host : 주최하다, 개최하다.

2) Would you like to come?
너도 올래?

▶ **Would you like to come?**

보통 회화에서 상대방에게 '~를 하겠냐?'고 정중하게 물어볼 때 쓰는 표현이다. 'Would you like to' 다음에 하고자 하는 의미의 동사원형을 사용한다.

3) Hi, Liam! That sounds like a blast. I'd love to come!
안녕, Liam! 신나겠다. 가고 싶어!

▶ **That sounds like a blast.**

상대방의 제안에 대해 '너무 좋은 제안이다.'라고 긍정적으로 반응할 때 많이 쓰는 표현이다. 'That sounds like a plan'과 함께 알아두자.

* blast : 폭발, 흥분되고 신나는 일

4) What time does it start?
몇 시에 시작해?

5) Awesome! It starts at 7:00 p.m. at my place.
잘 됐다. 우리 집에서 오후 7시에 시작할 거야.

> * my place : 나의 집

6) Costumes are encouraged, of course!
물론 핼러윈 분장은 해야 하고.

> ▶ **Costumes are encouraged.**
>
> 'be encouraged'에서 'encourage'는 '권장하다, 장려하다'라는 의미이다. 수동형으로 쓰였으므로 '권장된다, 장려된다.'라는 의미로 해석하면 된다.
> '핼러윈 분장은 권장된다.' 즉 '핼러윈 분장을 하고 오길 바란다.'는 의미로 보면 된다.

7) Count me in! I'll be there, Liam.
Thanks for inviting me.
나도 껴줘! 너희 집으로 갈게. Liam, 초대해줘서 고마워.

> ▶ **Count me in.**
>
> 보통 회화에서 많이 쓰는 표현으로 '내가 들어가는 걸 염두에 둬달라.' 즉, '나를 좀 껴줘.'라는 의미로 많이 사용된다.

DAY
43

파티
초대하기

> "다음 주 토요일 날 내 생일 파티 하려고 하는데"
> "너도 올래?"
> "음식하고 마실 거 그리고 음악도 준비할 거야."
> [생일 파티 초대하기]

외국인들은 생일 파티에 대해 매우 관대하고 호의적이다.
특별한 내 생일날, 외국인 친구를 초대해 보자.

1. 우선 언제 생일 파티를 할지 얘기하고
2. 친구가 올 수 있는지 물은 뒤 초대 의사를 밝히자.
3. 생일 파티에 무엇이 준비할 건지도 알려주자.

"다음 주 토요일 날 내 생일 파티 하려고 해."
→ "I'm throwing a birthday party next Saturday."

"너도 올래?"
→ "Do you want to come?"

"음식하고 마실 거 그리고 음악도 준비할 거야."
→ "We'll have food, drinks, and music!"

You

Hey, Mike! I'm throwing a birthday party next Saturday. Do you want to come?

안녕, Mike! 다음 주 토요일 날 내 생일 파티 하려고 하는데,
너도 올래?

Mike

Hi, Sarah!
Of course, I'd love to come celebrate with you. What time should I be there?

안녕, Sarah! 물론이지. 가서 너를 축하해줘야지. 몇 시까지 가면 돼?

You

Great! It starts at 6:00 p.m. at my place.
We'll have food, drinks, and music!

그래! 우리 집에서 오후 6시에 할거야.
음식하고 음료 그리고 음악도 준비할 거야.

Mike

Sounds like a blast! I'll be there at 6:00 p.m.
Thanks for inviting me, Sarah.

신나겠다! 오후 6시까지 갈게. 초대해줘서 고마워, Sarah.

1) Hey, Mike!
I'm throwing a birthday party next Saturday.

안녕, Mike! 다음 주 토요일 날 내 생일 파티 하려고 하는데,

> ▶ **I'm throwing a birthday party.**
>
> 회화에서 보통 '현재진행형'은 단순한 '진행'의 의미뿐만 아니라, 앞으로 일어날 일에 대한 예정의 의미도 가지고 있다. 따라서 'I am throwing a birthday party.'라고 하면 현재 파티를 열고 있다는 의미가 아닌, '내가 생일 파티를 열려고 예정하고 있다.'라는 의미가 된다.
>
> * throw a party : 파티를 열다, 파티를 개최하다

2) Do you want to come?

너도 올래?

3) Hi, Sarah! Of course, I'd love to come celebrate with you.

안녕, Sarah! 물론이지. 가서 너를 축하해줘야지.

> ▶ **I'd love to come celebrate with you.**
>
> 회화에서 보통 'come celebrate'라고 하면, 원문은 'come and celebrate'에서 온 것이며, '가다 그리고 축하하다.'라는 의미가 아닌, '축하하러 가다.'라는 의미가 된다. 많이 쓰는 표현이니 꼭 알아두자. 'go'가 아닌 'come'을 쓰는 이유는 말하는 화자와 상대방이 파티 장소에서 함께 있을 것이기 때문에 가는 것이 아닌 오는 것이라는 의미로 알아두면 된다.
>
> * come celebrate with you : 너를 축하해주러 가다.

4) What time should I be there?

몇 시까지 가면 돼?

5) Great! It starts at 6:00 p.m. at my place.

그래! 우리 집에서 오후 6시에 할거야..

6) We'll have food, drinks, and music!

음식하고 음료 그리고 음악도 준비할 거야.

> ▶ **We'll have food, drinks, and music.**
>
> 보통 'have'는 소유의 의미로 '가지다'의 의미지만, 사실 회화에서는 그 이외의 의미로 사용되는 경우가 더 많다. 여기서는 '우리 파티에는 음식, 음료, 그리고 음악도 준비할 것이다.'로 해석하면 된다.

7) Sounds like a blast!

신나겠다!

8) I'll be there at 6:00 p.m.
Thanks for inviting me, Sarah.

오후 6시까지 갈게. 초대해줘서 고마워, Sarah.

> ▶ **I'll be there at 6:00 p.m.**
>
> 여기서 be동사는 '있다, 존재하다' 의미보다는 '가다'로 해석한다. 특히 'be there' 이라는 표현은 많이 보는데, 반드시 '거기 가다'로 해석해야 한다. 거꾸로 '거기 가다'를 영어로 말할 때도 'go there'이라고 하지 말고 되도록 'be there'이라고 하는 습관을 들이면 좋다.

DAY 44

파티 초대하기

오늘의 표현

"우리 다음 주 토요일 날 우리 집에서 파티하려고 해."
"파티 주제는 80년대 복고야."
"너도 파티에 올래?"
(하우징 파티 초대하기)

하우징 파티는 여러 외국 친구들과 쉽게 사귈 수 있는 가장 좋은 파티이다. 집에서 한번 하우징 파티를 열어 보자.

1. 우선 언제 하우징 파티를 할지 얘기하고
2. 파티 성격을 파악할 수 있도록 콘셉트를 알려주고
3. 친구가 올 수 있는지 물은 뒤 초대 의사를 밝히자.

"우리 다음 주 토요일 날 우리 집에서 파티하려고 해."
→ "We're throwing a party next Saturday at our place."

"파티 주제는 '80년대 복고'야."
→ "The theme is '80s Retro'."

"너도 파티에 올래?"
→ "Would you be able to join us?"

You

Hey, Luke! We're throwing a party next Saturday at our place. The theme is '80s Retro'. Would you be able to join us?

안녕, Luke! 우리 다음 주 토요일 날 우리 집에서 파티하려고 해. 파티 주제는 '80년대 복고'야. 너도 파티에 올래?

Luke

Hi, Anna! That sounds like a lot of fun. Should I bring anything, like food or drinks?

안녕, Anna! 진짜 재미있겠다. 내가 음식이나 마실 거 가져갈까?

You

That would be great! If you could bring a dish to share, that'd be awesome. And don't forget to dress up in your best '80s outfit'!

그럼 좋겠다! 만약 네가 다 같이 먹을 거 준비해 올 수 있으면, 그것도 좋겠어. 그리고 80년대 옷 스타일로 입고 오는 거 잊지 말고!

Luke

Got it, I'll bring something tasty and get my '80s look' ready. What time should I come?

알겠어, 맛있는 음식 싸가고 옷은 80년대 풍으로 준비할게. 몇 시에 가야해?

You

The party starts at 6:00 p.m.
Can't wait to see you there, Luke!

파티는 오후 6시에 시작할 거야. 빨리 파티에서 만나고 싶다. Luke!

1) Hey, Luke! We're throwing a party next Saturday at our place.

안녕, Luke! 우리 다음 주 토요일 날 우리 집에서 파티하려고 해.

2) The theme is '80s Retro'.

파티 주제는 '80년대 복고'야.

> ▶ **The theme is**
>
> 특정 행사나 파티에서는 항상 주제, 즉 'theme'을 가지고 있다. 그래야 초대받은 사람들이 그 행사나 파티의 성격이나 콘셉트를 알수있고, 드레스 코드 등을 알 수 있기 때문이다.
>
> * theme : 주제
> * 80s : 80년대
> * retro : 복고

3) Would you be able to join us?

너도 파티에 올래?

4) Hi, Anna! That sounds like a lot of fun.

안녕, Anna! 진짜 재미있겠다.

5) Should I bring anything, like food or drinks?

내가 음식이나 마실 거 가져갈까?

> ▶ **Should I bring anything?**
>
> 보통 회화에서 'bring'이라는 단어는 소유는 같고 이동만 하는 행위를 의미한다. '내가 내 것을 가지고 간다.' 라는 의미로 보면 된다. 반면, 'take' 단어는 '소유가 달라진다'라는 의미가 강하다. 회화할 때 'bring'과 'take'를 혼동하지 말자.

6) That would be great!

그럼 좋겠다!

7) If you could bring a dish to share, that'd be awesome.

만약 네가 다 같이 먹을 거 준비해 올 수 있으면, 그것도 좋겠어.

8) And don't forget to dress up in your best '80s outfit'!

그리고 80년대 옷 스타일로 입고 오는 거 잊지 말고!

> ▶ don't forget to ~
>
> '~하는 것을 잊지 말라'라는 부정명령형으로 보면 된다.
>
> * dress up in : ~스타일로 잘 차려입다.
> * outfit : 의상, 복장

9) Got it, I'll bring something tasty and get my '80s look' ready. What time should I come?

알겠어, 맛있는 음식 싸가고 옷은 80년대 풍으로 준비할게. 몇 시에 가야해?

> ▶ I'll bring something tasty
>
> 단어 중에 'something, anything, nothing'과 같은 단어는 형용사가 뒤에 온다. 그래서 'something tasty'에서 형용사 'tasty'가 'something' 뒤에서 수식을 한다. '맛난 것'이라고 해석하면 된다.
>
> * get + 목적어 + ready : '목적어'를 준비하다.
> * my 80s look : 나의 80년대 스타일 모습

10) The party starts at 6:00 p.m. Can't wait to see you there, Luke!

파티는 오후 6시에 시작할 거야. 빨리 파티에서 만나고 싶다. Luke!

DAY 45

파티 초대하기

 **오늘의 표현**

"다음 주 금요일 밤에 집들이 파티를 하려고 해."
"네가 와줬으면 좋겠어."
"파티는 '편안하고 캐주얼' 드레스 코드로 할 거야."
〔집들이 파티 초대하기 - 1〕

해외에서 생활을 하게 되면 이사를 가는 일이 생긴다. 집들이 파티는 외국인 친구와 쉽게 더 가까워질 수 있는 기회이다.

1. 우선 언제 집들이 파티를 할지 얘기하고
2. 파티 성격을 파악할 수 있도록 콘셉트를 알려주고
3. 친구가 올 수 있는지 물은 뒤 초대 의사를 밝히자.

"다음 주 금요일 밤에 집들이 파티를 하려고 해."
→ "I'm hosting a housewarming party next Friday night."

"네가 와줬으면 좋겠어."
→ "I'd love for you to come."

"파티는 '편안하고 캐주얼' 드레스 코드로 할 거야."
→ "We're doing a 'Cozy and Casual' dress code."

You

Hey, Vanessa! I'm hosting a housewarming party next Friday night. I'd love for you to come. We're doing a 'Cozy and Casual' dress code.

안녕, Vanessa! 다음 주 금요일 밤에 집들이 파티하려고 하는데. 네가 와줬으면 좋겠어. 파티는 '편안하고 캐주얼' 드레스 코드로 할 거야.

Vanessa

Hi, Brian! That sounds wonderful.
I'd love to join. What time should I arrive?

안녕, Brian! 멋지겠는걸! 가고 싶어. 몇 시에 도착할까?

You

Awesome! Let's say around 7:00 p.m.?
And remember, cozy and casual, so feel free to wear something super comfortable.

좋아! 오후 7시쯤 어때? 그리고 편안하고 캐주얼하게 입는 거 잊지 말고. 편하게 최대한 편한 옷 입고 와.

Vanessa

Perfect! I'll be there at 7:00 p.m. and in my coziest outfit. Thanks for the invite, Brian!

좋아! 최대한 편한 복장으로 오후 7시까지 갈게.
초대해줘서 고마워, Brian!

1) Hey, Vanessa! I'm hosting a housewarming party next Friday night.

안녕, Vanessa! 다음 주 금요일 밤에 집들이 파티하려고 하는데.

> * housewarming : 집들이

2) I'd love for you to come.

네가 와줬으면 좋겠어.

3) We're doing a 'Cozy and Casual' dress code.

파티는 '편안하고 캐주얼' 드레스 코드로 할 거야.

> ▶ **We're doing a 'Cozy and Casual' dress code.**
>
> 마찬가지로 여기서의 현재진행형도 '진행'으로 해석하지 말고 '예정된 미래'로 해석한다. '우리는 하고 있다.'가 아니라 '우리는 ~드레스 코드로 할 거야'로 해석한다.
>
> = We have a 'Cozy and Casual' dress code.
>
> = There is a 'Cozy and Casual' dress code.
>
> * cozy : 편안한, 안락한
> * dress code : 복장 규정

4) Hi, Brian! That sounds wonderful. I'd love to join.

안녕, Brian! 멋지겠는걸! 가고 싶어.

5) What time should I arrive?

몇 시에 도착할까?

6) Awesome! Let's say around 7:00 p.m.?

좋아! 오후 7시쯤 어때?

> ▶ **Let's say**
>
> 보통 어떠한 예를 들 때나 제안을 할 때 많이 사용하는 표현이다.
> Let's say you are very active. (예를 들어) 예를 들어, 네가 매우 활동적이라고 치자.
> Let's say Friday morning at 7? (어때?) 금요일 아침 7시 어때?
> Let's say around 7:00 p.m.? (어때?) 오후 7시쯤 어때?

7) And remember, cozy and casual, so feel free to wear something super comfortable.

그리고 편안하고 캐주얼하게 입는 거 잊지 말고. 편하게 최대한 편한 옷 입고 와.

> * super : 매우, 굉장히
> * comfortable : 편안한
> * wear something super comfortable : 매우 편안한 걸로 입다.

8) Perfect! I'll be there at 7:00 p.m. and in my coziest outfit.

좋아! 최대한 편한 복장으로 오후 7시까지 갈게.

> ▶ **in my coziest outfit.**
>
> 보통 형용사 뒤에 'est'가 붙으면 최상급으로 해석한다.
> '가장 편안한 차림으로' 라고 해석한다. 'in + 옷 스타일' 표현도 알아두자.

9) Thanks for the invite, Brian!

초대해줘서 고마워, Brian!

> ▶ **Thanks for the invite.**
>
> 우리가 'thanks for ~ing' 형태만 많이 익숙하지만 기본적으로 'thanks for + 명
> 사'이므로 이렇게 명사를 쓸 수 있다는 것도 알아두자.

DAY 46

파티 초대하기

오늘의 표현

"이번 주 토요일 밤에 집들이 파티를 하려고 하는데."
"'화려한 밤'이라는 주제로 파티를 열 거야."
"원한다면, 다 함께 마실 술 좀 가져오고."
(집들이 파티 초대하기 - 2)

집에서 파티를 할 경우 초대받은 지인들이 각자 음식을 가져오는 경우가 많다.
어떤 음식을 가져와달라고 부탁하는 표현도 잊지 말자.

1. 우선 언제 집들이 파티를 할지 얘기하고
2. 파티 성격을 파악할 수 있도록 콘셉트를 알려주고
3. 어떤 음식을 가져와달라고 부탁해보자.

"이번 주 토요일 밤에 집들이 파티를 하려고 하는데."
→ "I'm throwing a housewarming party this Saturday evening."

"'화려한 밤'이라는 주제로 파티를 열거야."
→ "It's going to be a 'Glam Night' theme."

"원한다면, 다 함께 마실 술 좀 가져오고."
→ "If you want, you can also bring a bottle of something to share."

You

Hi, Jake! I'm throwing a housewarming party this Saturday evening. It's going to be a 'Glam Night' theme. Would you like to come?

안녕, Jake! 이번 주 토요일 밤에 집들이 파티 하려고 하는데. '화려한 밤'이라는 주제로 파티를 열거야. 너 올 수 있어?

Jake

Hey, Megan! That sounds like a lot of fun. Do I need to bring anything?

안녕, Megan! 진짜 재미있겠다. 내가 뭐 가져갈 거 있어?

You

Just bring yourself and your glam! If you want, you can also bring a bottle of something to share. The party starts at 8:00 p.m.

너랑 너의 매력만 들고 와! 원한다면, 다 함께 마실 술 좀 가져오고. 파티는 오후 8시에 시작할 거야.

Jake

Sounds great! I'll find something glam to wear and bring a bottle of wine. See you Saturday at 8:00 p.m., Megan. Thanks for inviting me!

좋은데! 입을만한 매력적인 옷 좀 찾아보고 와인도 가져갈게. 토요일 오후 8시에 보자. Megan! 초대해줘서 고마워!

1) Hi, Jake! I'm throwing a housewarming party this Saturday evening.

안녕, Jake! 이번 주 토요일 밤에 집들이 파티 하려고 하는데.

2) It's going to be a 'Glam Night' theme.

'화려한 밤'이라는 주제로 파티를 열거야

> ▶ **It's going to be a 'Glam Night' theme.**
>
> 'It's going to be ~'은 '~이 될 거야.'라고 해석한다.
>
> * glam : 매력적인, 화려한

3) Would you like to come?

너 올 수 있어?

4) Hey, Megan! That sounds like a lot of fun.

안녕, Megan! 진짜 재미있겠다.

5) Do I need to bring anything?

내가 뭐 가져갈 거 있어?

> ▶ **Do I need to bring anything?**
>
> 'Do I need to ~' 는 '내가 ~ 해야 해?'라는 회화 패턴으로 알아 두자.
>
> 'anything'은 질문이나 부정문에서 쓰이며, 질문할 때 'something'이라고 하지 말 것.

6) Just bring yourself and your glam!

너랑 너의 매력만 들고 와!

> ▸ **Just bring yourself**
>
> '단순히 너 스스로만 가지고 와라' 즉, '몸만 와라.' 라고 보면 된다.
> 'Just come as you are.'과 비슷한 표현이다.

7) If you want, you can also bring a bottle of something to share.

원한다면, 다 함께 마실 술 좀 가져오고.

> * a bottle of : ~ 한 병 (물질 명사 단위)

8) The party starts at 8:00 p.m.

파티는 오후 8시에 시작할 거야.

9) Sounds great!

좋은데!

10) I'll find something glam to wear and bring a bottle of wine.

입을만한 매력적인 옷 좀 찾아보고 와인도 가져갈게.

11) See you Saturday at 8:00 p.m., Megan. Thanks for inviting me!

토요일 오후 8시에 보자. Megan! 초대해줘서 고마워!

DAY
47

파티
초대하기

> ### "학생회관에서 이번 주 목요일 날
> ### 신입생 환영 파티를 하려고 해."
> ### "그냥 몸만 와."(편한 차림으로 오라는 의미)
> ### (신입생 환영 파티 초대하기)

흔하지는 않지만, 학교에 따라, 또 모임에 따라 신입생 환영 파티를 해주는 곳이 있다. 이런 경우는 대규모 모임이라 드레스 코드가 없을 경우가 많다.

1. 우선 언제 어디에서 신입생 환영 파티를 할지 얘기하고
2. 드레스 코드가 따로 없을 때 그냥 오라고 표현해보자.

"학생회관에서 이번 주 목요일 날 신입생 환영 파티를 하려고 해."
→ "We're organizing a welcome party for all the freshmen this Thursday at the Student Union."

"그냥 몸만 와." (편한 차림으로 오라는 의미)
→ "Just come as you are."

You

Hey, Jordan! We're organizing a welcome party for all the freshmen this Thursday at the Student Union. It starts at 6:00 p.m. Would you like to join us?

안녕, Jordan! 학생회관에서 이번 주 목요일 날 신입생 환영 파티를 하려고 해. 오후 6시에 시작하는데, 너 올래?

Jordan

Hi, Jee! That sounds awesome.
Is there a theme or dress code?

안녕, Jee! 멋진데. 콘셉트나 드레스 코드는?

You

It's casual. Just come as you are and be ready to meet a bunch of new people. There will be games, food, and music!

캐주얼이야. 그냥 몸만 오면 되고 많은 신입생들 만날 준비나 해. 게임도 있고 음식이랑 음악도 있을 거야.

Jordan

That sounds perfect. I'll definitely be there. Thanks for letting me know, Jee!

완벽해! 곧 갈게. 알려줘서 고마워 Jee!

You

Great! Looking forward to seeing you there, Jordan. It's going to be a fun start to the semester.

좋아! 파티에서 빨리 만나고 싶다, Jordan. 신학기 재미있는 시작이 될 거야.

1) Hey, Jordan! We're organizing a welcome party for all the freshmen this Thursday at the Student Union.

안녕, Jordan! 학생 회관에서 이번 주 목요일 날 신입생 환영 파티를 하려고 해.

> ▶ **We are organizing a welcome party**
>
> '파티를 열다'라는 표현은 'host a party', 'throw a party', 또는 'organize a party'로 표현한다. 'organize'는 대략 '좀 큰 규모의 파티를 기획하다'라는 의미가 있다.
>
> * organize : 기획하다.
> * welcome party : 환영 파티
> * freshmen : 신입생
> * the Student Union : 학생 회관

2) It starts at 6:00 p.m. Would you like to join us?

오후 6시에 시작하는데, 너 올래?

3) Hi, Jee! That sounds awesome.

안녕, Jee! 멋진데.

4) Is there a theme or dress code?

콘셉트나 드레스 코드는?

> ▶ **Is there a theme or dress code?**
>
> 'Is there ~'은 '~가 있습니까?'라고 흔히 말하는 회화 표현이다. 파티는 항상 콘셉트가 있으므로 그것을 알려면 어떤 파티인지 'theme'부터 물어본다.

5) It's casual.

캐주얼이야.

6) Just come as you are and be ready to meet a bunch of new people.

그냥 몸만 오면 되고 많은 신입생들 만날 준비나 해.

> ▶ **Just come as you are**
>
> 그냥 너의 모습 그대로 오라는 의미로 '편하게 꾸미지 말고 있는 그대로 오면 된 다'는 의미이다.
>
> ▶ **be ready to**
>
> '~할 준비를 해라.' 혹은 '~할 각오를 해라.'라는 의미로 해석한다.
>
> * a bunch of : ~ 많은

7) There will be games, food, and music!

게임도 있고 음식이랑 음악도 있을 거야.

> ▶ **There will be**
>
> 'There is = 있다' 의 미래형으로 'There will be = 있을 것이다'라고 해석한다.

8) That sounds perfect. I'll definitely be there.

완벽해! 곧 갈게.

9) Thanks for letting me know, Jee!

알려줘서 고마워 Jee!

> * let me know : 알려주다

10) Great! Looking forward to seeing you there, Jordan.

좋아! 파티장에서 빨리 만나고 싶다, Jordan.

11) It's going to be a fun start to the semester.

신학기 재미있는 시작이 될 거야.

DAY 48

그룹 모임 약속하기

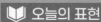

오늘의 표현

> "독서 모임 해볼까 하는데 관심 있어?"
> "다음 주 토요일 시내 카페에서 첫 번째 미팅을 하자."
> (독서 모임 약속하기)

친구와 함께 특별한 모임을 만드는 것은 외국인 친구들과 더 많이 교류할 수 있는 기회가 된다. 특정 모임을 만들어보고 친구와 함께 해보자.

1. 우선 만들고자 하는 특정한 모임에 대해 설명하고
2. 모이는 장소와 시간에 대해 순서대로 설명해보자.

"독서 모임 해볼까 하는데 관심 있어?"
→ "I'm thinking of starting a book club. Interested?"

"다음 주 토요일 오후 시내 카페에서 첫 번째 미팅을 하자."
→ "Let's have our first meeting next Saturday afternoon at the café downtown."

You

Hey, Max! I'm thinking of starting a book club. Interested?

안녕, Max! 독서 모임 해볼까 하는데, 관심 있어?

Max

Hi, Sophie! That sounds like fun. Count me in. When do we start?

안녕, Sophia! 재미있겠는걸. 나도 껴줘. 언제 시작하는데?

You

Great! Let's have our first meeting next Saturday afternoon at the cafe downtown. How does 3:00 p.m. sound?

좋아! 다음 주 토요일 오후 시내 카페에서 첫 번째 미팅을 하자. 오후 3시 어때?

Max

Sounds good to me! I'll see you there at 3:00 p.m., Sophie. Looking forward to it.

나는 좋아! 오후 3시에 거기서 봐. 기대된다.

1) Hey, Max! I'm thinking of starting a book club. Interested?

안녕, Max! 독서 모임 해볼까 하는데, 관심 있어?

▶ **I am thinking of starting**

보통 회화에서 'I am thinking of~' 는 많이 쓰는 패턴으로 '~해 볼까 한다.'라고
해석한다. 'I am thinking of starting = ~시작해 볼까 한다.' 라고 해석하면 된다.

* **book club** : 보통 일정한 그룹에 책을 읽고 그것에 대해 토론하는 모임

▶ **Interested?**

원래 문장은 'Are you interested?' 라는 문장인데, 마찬가지로 '주어+be동사'를
많이 생략하므로 여기서는 짧게 줄여서 그냥 'Interested?' 라고 물어봤다.

---

2) Hi, Sophie! That sounds like fun.

안녕, Sophia! 재미있겠는걸.

3) Count me in.

나도 껴줘.

▶ **Count me in.**

보통 회화에서 많이 쓰는 표현으로 '내가 들어가는 걸 염두에 둬달라.' 즉, '나를
좀 껴줘' 라는 의미로 많이 사용된다.

---

4) When do we start?

언제 시작하는데?

5) Great! Let's have our first meeting next Saturday afternoon at the cafe downtown.

좋아! 다음 주 토요일 오후 시내 카페에서 첫 번째 미팅을 하자.

6) How does 3:00 p.m. sound?

오후 3시 어때?

> ▶ **How does 3:00 p.m. sound?**
>
> 상대방에게 제안을 할 때 사용하는 표현으로 여기서 'sound'는 '~처럼 들리다' 라는 의미이지만, 그렇게 해석하지 말고, '나의 제안이 너에게는 어떻게 들려?' 라는 의미로 해석하면 쉽게 파악할 수 있다. 상대방에게 제안을 할 때 많이 나오는 표현이니 꼭 알아두자.

7) Sounds good to me!

나는 좋아!

> ▶ **Sounds good to me**
>
> 원문은 'It sounds good to me.'에서 주어 'It'를 생략했다. 이처럼 영어 회화에 서는 문법적으로는 맞지 않지만, 주어를 생략해서 말하는 경우가 많다. 주어가 없어도 'It' 즉 3인칭 단수이므로 'sounds' 동사 뒤에 's'는 꼭 붙여서 발음하는 것을 알아두자.

8) I'll see you there at 3:00 p.m., Sophie. Looking forward to it.

오후 3시에 거기서 봐. 기대된다.

그룹 모임 약속하기

오늘의 표현

"다가오는 시험 대비 스터디 그룹을 짜려고
생각 중인데 관심 있어?"
"내일 오후 2시쯤 도서관에서 만날까 생각 중이야. 괜찮아?"
(스터디 그룹 약속하기 - 1)

학생이라면 스터디 그룹은 하지 않을 수가 없다. 학습뿐만 아니라 서로 정보를
공유하며 외국인 친구들과 교류를 넓혀보자.

1. 우선 스터디 그룹의 성격에 대해 설명하고
2. 모이는 장소와 시간에 대해 순서대로 설명해보자.

"다가오는 시험 대비 스터디 그룹을 짜려고 생각 중이었는데 관심 있어?"
→ "I was thinking of forming a study group for the upcoming exam.
Are you interested?"

"내일 오후 2시쯤 도서관에서 만날까 생각 중이야."
→ "I was thinking we could meet at the library tomorrow afternoon
around 2:00 p.m."

You

Hey, David! I was thinking of forming a study group for the upcoming exam. Are you interested?

안녕, David! 다가오는 시험 대비 스터디 그룹을 짜려고 생각 중이었는데 관심 있어?

David

Hi, Jenny! That sounds like a great idea. Count me in. When are you thinking of meeting?

안녕, Jenny! 좋은 생각 같아. 나 좀 넣어줘.
언제쯤 만날 생각이야?

You

Awesome! I was thinking we could meet at the library tomorrow afternoon around 2:00 p.m. Does that work for you?

좋아! 내일 오후 2시쯤 도서관에서 만날까 생각 중이야. 괜찮아?

David

Perfect! I'll see you there at 2:00 p.m. Thanks for organizing this, Jenny.

좋아! 2시쯤 거기로 갈게. 스터디 그룹 짜줘서 고마워. Jenny.

1) Hey, David! I was thinking of forming a study group for the upcoming exam.

안녕, David! 다가오는 시험 대비 스터디 그룹을 짜려고 생각 중이었는데

> ▶ **I was thinking of ~**
>
> 엄밀히 말하면, '~해야 할까 생각 중이었다.'라는 과거진행형의 의미다.
> 'I am thinking of ~'와 시제의 의미 차이를 구별 하자.
>
> * form : 구성하다, 형성하다
> * upcoming : 다가오는, 도래하는
> * exam : 시험

2) Are you interested?

관심 있어?

3) Hi, Jenny! That sounds like a great idea. Count me in.

안녕, Jenny! 좋은 생각 같아. 나 좀 넣어줘.

4) When are you thinking of meeting?

언제쯤 만날 생각이야?

5) Awesome! I was thinking we could meet at the library tomorrow afternoon around 2:00 p.m.

좋아! 내일 오후 2시쯤 도서관에서 만날까 생각 중이야

> **I was thinking**

보통 회화에서 '~라고 생각중이었어.' 라는 의미로

- I was thinking of + 명사

  = I was thinking of you. : 나는 너를 생각하고 있었어.

- I was thinking of + ~ing

  = I was thinking of doing it. : 나는 그것을 할까 생각하고 있었어.

- I was thinking + 문장

  = I was thinking we could meet at the library.
  나는 우리가 도서관에서 만날까 생각 중이었어.

6) Does that work for you?
괜찮아?

> **Does that work for you?**

Does + 주어 + work for you? = '내가 제안한 것이 너에게 유효한가?'라는 의미로 해석하면 된다. 제안하고 나서, 상대방의 의향을 물어볼 때 많이 사용한다. '괜찮아?'라고 해석한다.

7) Perfect! I'll see you there at 2:00 p.m.
좋아! 2시쯤에 거기로 갈게.

8) Thanks for organizing this, Jenny.
스터디 그룹 짜줘서 고마워. Jenny.

* organize : 준비하다, 체계화하다

그룹 모임 약속하기

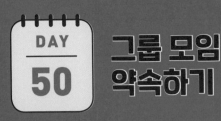

 **오늘의 표현**

"우리 수학 기말고사 대비 스터디 그룹을 짜고 있는데 같이할래?"
"월요일 오후 4시에 캠퍼스 카페 어때?"
"그냥 수업 교재, 노트, 검토할 문제들만 가져와."
[스터디 그룹 약속하기 - 2]

학생이라면 스터디 그룹은 하지 않을 수가 없다. 학습뿐만 아니라 서로 정보를
공유하며 외국인 친구들과 교류를 넓혀보자.

1. 우선 스터디 그룹의 성격에 대해 설명하고
2. 모이는 장소와 시간에 대해 순서대로 설명해보자.
3. 준비물도 필요하면 친구에게 알려주자.

"우리 수학 기말고사 대비 스터디 그룹을 짜고 있는데 같이할래?"
→ "We're setting up a study group for the math final. Interested in
joining us?"

"월요일 오후 4시에 캠퍼스 카페 어때?"
→ "How about Monday at 4:00 p.m. in the campus cafe?"

"그냥 수업 교재, 노트, 검토할 까다로운 문제들만 가져와."
→ "Bring just your textbook, notes, and any tough problems you
want to go over."

You

Hey, Liam! We're setting up a study group for the math final. Interested in joining us?

안녕, Liam! 우리 수학 기말고사 대비 스터디 그룹 짜고 있는데. 같이할래?

Liam

Hi, Joey! That would be awesome. When are you planning to meet?

안녕, Joey! 멋진데. 언제 만날 계획이야?

You

How about Monday at 4:00 p.m. in the campus cafe?

월요일 오후 4시에 캠퍼스 카페 어때?

Liam

Monday at 4:00 works for me. Should I bring anything special?

일요일 오후 4시 괜찮아. 특별히 내가 가져갈 거 있어?

You

Bring just your textbook, notes, and any tough problems you want to go over. We'll tackle them together.

그냥 수업 교재, 노트, 검토할 까다로운 문제들만 가져와. 함께 풀어보자.

Liam

Great! I'll see you and the group on Monday then. Thanks for the invite!

좋아! 월요일 그 시간에 보자. 껴줘서 고마워!

1) Hey, Liam! We're setting up a study group for the math final.

안녕, Liam! 우리 수학 기말고사 대비 스터디 그룹 짜고 있는데.

▶ **We're setting up**

보통 '우리가 ~을 조직하고 있다, 만들고 있다'라는 의미일 때 앞서 배운 'form' 이나 'organize'도 있지만 'set up'도 함께 알아 두자.

* set up : 준비하다, 설립하다.
* math : 수학
* final : 기말

---

2) Interested in joining us?

같이할래?

▶ **Interested in joining us?**

원문은 'Are you interested in ~ing' 형식이며, 앞의 '주어+be동사'를 생략했다.

* join us : 우리에게 합류하다. 'join'뒤에 전치사 쓰지 말 것

---

3) Hi, Joey! That would be awesome.

안녕, Joey! 멋진데.

4) When are you planning to meet?

언제 만날 계획이야?

5) How about Monday at 4:00 p.m. in the campus cafe?

월요일 오후 4시에 캠퍼스 카페 어때?

6) Monday at 4:00 works for me.
일요일 오후 4시 괜찮아.

7) Should I bring anything special?
특별히 내가 가져갈 거 있어?

8) Bring just your textbook, notes, and any tough problems you want to go over.
그냥 수업 교재, 노트, 검토할 까다로운 문제들만 가져와.

> * tough : 어려운, 까다로운
> * go over : 조사하다, 검토하다

9) We'll tackle them together.
함께 풀어보자.

> * tackle : 힘든 상황과 씨름하다, 해결하려고 맞서다.

10) Great! I'll see you and the group on Monday then. Thanks for the invite!
좋아! 월요일 그 시간에 보자. 껴줘서 고마워!

Small Talk

핵심표현
정리

👈 외국인과 인사를 나눌 때 순서

= 미국인들은 인사할 때 주로 안부를 묻는 질문으로 시작한다.

1. 안부 질문에 대한 대답	잘 지내	Good.
	아주 잘 지내	Pretty good. I'm doing well.
	그냥 그래	Not bad.
	지금까지는 괜찮아	So far so good.
	안 좋아	Bad.
2. 안부에 대해 고맙다는 표현	고마워	Thanks.
3. 상대방에 대한 안부 질문	너는 어때?	What about you? How about you? And you? You?

👈 외국인에게 인사할 때

▶ 안녕? (가장 일반적이고 간단한 표현)
  : Hi / Hello / Hey / Hi there
▶ 안녕? (친한 사이에게 쓰는 표현)
  : Howdy / What's up?
▶ 안녕하세요. (모두에게 쓰는 표현)
  : How are you?

☞ 자주 만나는 외국인에게 인사할 때

▸ 오늘 어때요?
  :How's it going? / How are you today?
   How are you feeling today? / How are you this morning?
▸ 잘 잤어요?
  : How did you sleep?
▸ 출근길 어땠어요?
  : How was your commute?
▸ 다시 뵙네요.
  : Nice to see you again.
▸ 다 잘 되고 있죠?
  : How's everything going?

☞ 외국인과 헤어질 때

▸ 만나서 반가웠어.
  : It was nice meeting you.
▸ 오늘 대화할 수 있어서 좋았어요.
  : I'm glad we had the chance to talk today.

☞ 상대방에 대해 '저도 그래요' 라고 하는 대답

▸ Same here.
▸ Likewise.
▸ I think so too.
▸ I feel the same.

☞ 외국인의 옆 자리에 앉을 때

▸ 사람을 주어로 질문

: Is anyone sitting here? (여기 누구 앉은 거야?)

▸ 자리를 주어로 질문

: Is this seat taken? (여기 자리 있어?)

▸ 허락을 중심으로 질문

: Mind if I seat here? (여기 앉아도 돼?)

☞ 외국인에게 옆 자리에 앉아도 된다고 할 때

▸ 부정 표현, 편하게 앉아.

: No, It's all yours.

▸ 부정 표현, 그냥 앉아도 돼.

: No, Go ahead.

☞ 외국인 친구에게 먼저 말 걸 때

▸ 우리 처음 보는 거 같아.

: I don't think we've met yet.

▸ 너를 몇 번 보긴 했어.

: I've seen you round.

▸ 우리 정식으로 인사는 안 했어.

: We haven't officially met.

👉 외국인 이웃에게 먼저 말 걸 때

- 저는 막 옆집으로 이사 온 ~라고 해요.
  : I'm 이름, just moved in next door.
- 저는 길 건너편으로 이사 온 ~라고 해요.
  : I'm 이름, just moved in across the street.
- 저는 ~에서 온 ~라고 해요.
  : I'm 이름, just moved from 지역.
- 여기에 대해 좋다고 얘기 많이 들었어요.
  : I've heard great things about this area.

👉 외국인 룸메이트에게 먼저 말 걸 때

- 우리 룸메이트인 거 같은데
  : Looks like we're roommates.
- 나는 방금 기숙사로 온 ~라고 해.
  : I'm 이름, just moved into our dorm room.
- 방 같이 쓰게 돼서 기뻐.
  : Excited to share the space.
- 선호하는 자리 있어?
  : Do you have a preference?
- ~에 가까운 자리로 할게.
  : I'd like the one closer to the ~

👉 외국인 직장 동료에게 먼저 말 걸 때

- 저는 새로운 ~팀 소속 ~라고 합니다.
  : I'm 이름, the new 소속 team.
- 저는 오늘 막 업무 시작한 ~라고 합니다.
  : I'm 이름, just started today.

▶ 저는 ~팀의 일원 ~라고 합니다.
: I'm 이름, part of the 소속 team.

▶ 새로 팀에 합류했습니다.
: New to the team.

▶ 최근에 팀에 합류했습니다.
: I've recently joined the team.

▶ 여기는 처음입니다.
: New around here.

▶ 본사에서 발령받아 왔습니다.
: I've transferred here from the main office.

👉 거래처 직원에게 먼저 말 걸 때

▶ 오늘 회의 때문에 왔습니다.
: Here for our meeting today.

▶ 오늘 선약이 있어서 왔습니다.
: We've have an appointment today.

👉 오래된 지인에게 인사할 때

▶ 너무 오랜만이네.
: It's been too long. / It's been ages. / Long time no see.
It really has been forever. / It's been such a long time.

▶ 어떻게 지냈어?
: How have you been?

▶ 그동안 잘 지냈어.
: I've been good.

▶ 이게 누구야
: Look who's here!

☞ 연락처 교환할 때

▸ 전화번호 교환하자.

  : Let's exchange numbers.

▸ 여기 내 번호야.

  : Here's my number.

▸ 문자할게.

  : I'll text you.

▸ 연락처 교환할까요?

  : Do you think we could exchange contact information?

▸ 메세지 보낼게요.

  : I'll send you a message.

☞ 약속 잡을 때

▸ 조만간 언제 커피 마실 수 있어?

  : Do you have time for a coffee soon?

▸ 다음 주 점심 어때?

  : How about lunch next week?

▸ 다음 주 토요일 점심 어때?

  : How about grabbing lunch next Saturday?

▸ 다음에 커피 한 잔 할까?

  : Maybe next time we can grab a coffee.

▸ 이번 주 토요일 오후 시간 돼?

  : Are you free this Saturday afternoon?

▸ 금요일 오전에 약속 있어?

  : Do you have any plans for Friday morning?

▸ 이번 주말 나랑 시간 보낼 수 있나 해서.

  : I was wondering if you'd like to hang out this weekend.

▸ 조만간 만나자

  : I think we should catch up sometime.

☞ 특정 장소에 외국인을 초대할 때

▸ 너 올래?

: Do you want to come?

▸ 너 올 수 있어?

: Would you like to come?

▸ 너 올 수 있어?

: Would you like to join?

▸ 너 올 수 있어?

: Would you be able to join us?

▸ 네가 와 줬으면 좋겠어.

: I'd love for you to come.

▸ 그냥 몸만 와.

: Just come as you are.

▸ 관심 있어?

: Interested?

▸ 관심 있어?

: Are you interested?

▸ 우리랑 함께 할래?

: Interested in joining us?

▸ 새로 생긴 식당 가 볼래?

: Do you want to try out the new restaurant?